PASSO DO GIGANTE

KLEBER REIS

PASSO DO GIGANTE

COMO VENCER SEUS MEDOS

UM GUIA PRÁTICO SOBRE CORAGEM

COPYRIGHT © FARO EDITORIAL, 2025
Todos os direitos reservados.

Nenhuma parte deste livro pode ser reproduzida sob quaisquer meios existentes sem autorização por escrito do editor.

Diretor editorial **PEDRO ALMEIDA**
Coordenação editorial **RENATA ALVES**
Editora-assistente **LETÍCIA CANEVER**
Preparação **FABIO OLIVEIRA**
Revisão **CARLA SACRATO E CRIS NEGRÃO**
Capa **FERNANDA MARCINEK**
Diagramação **OSMANE GARCIA FILHO**
Imagem internas **VECTORMINE, MENTALMIND | SHUTTERSTOCK**

Dados Internacionais de Catalogação na Publicação (CIP)
Jéssica de Oliveira Molinari CRB-8/9852

Reis, Kleber
   Passo do gigante : como vencer seus medos : um guia prático sobre coragem / Kleber Reis. — São Paulo : Faro Editorial, 2025.
   288 p.

   Bibliografia
   ISBN 978-65-5957-854-2

   1. Autoajuda 2. Coragem 3. Sucesso I. Título
25-2668   CDD 158.1
Índice para catálogo sistemático:
1. Autoajuda

1ª edição brasileira: 2025
Direitos de edição em língua portuguesa, para o Brasil, adquiridos por FARO EDITORIAL

Avenida Andrômeda, 885 — Sala 310
Alphaville — Barueri — SP — Brasil
CEP: 06473-000
www.faroeditorial.com.br

Que a leitura e as dicas práticas deste livro tragam mudanças positivas e um impacto verdadeiramente significativo na sua vida e na de todos aqueles que você ama.

SUMÁRIO

Será que este livro é para você?. **9**

Agradecimentos. **11**

Prefácio. **15**

Introdução **17**

1. A Coragem de Não Desistir **25**

2. Afinal, o que é o Passo do Gigante?. **35**

3. A coragem para recomeçar **41**

4. O que acontece conosco quando sentimos medo? **51**

5. Como o medo nos impacta desde os primórdios. **61**

6. Enfim, o medo é um aliado ou um inimigo?. **68**

7. A coragem para falar em público **75**

8. A coragem para liderar **82**

9. A coragem para enfrentar o medo da morte. **93**

10. A coragem para empreender. **103**

11. A coragem para ter sócios **117**

12. A coragem para demitir. **124**

13. A coragem de rir de si mesmo **132**

14. A coragem de dizer NÃO. **139**

15. A coragem para vender **145**

16. A coragem para inovar. **153**

17. A coragem para educar os filhos **168**

18. A coragem para dialogar. **183**

19. A coragem para superar a síndrome do impostor **190**

20. A coragem para negociar **197**

21. A coragem para se tornar um investidor **207**

22. A coragem de assumirmos nossos erros **218**

23. A coragem para continuar após o luto **226**

24. A coragem para mudar **236**

25. A coragem para buscar o autoconhecimento **244**

26. A coragem de ser diferente. **251**

27. A coragem para amar. **258**

28. A coragem para perdoar **264**

29. A coragem de ser feliz **271**

Epílogo **279**

Posfácio **281**

Referências Bibliográficas. **283**

SERÁ QUE ESTE LIVRO É PARA VOCÊ?

Já percebeu quantas vezes, apenas hoje, você sentiu aquele frio na barriga diante de uma situação cotidiana? Talvez tenha sido ao fazer uma apresentação, falar em público, conversar com seu chefe, negociar, atender um cliente, discutir um relacionamento, atravessar uma rua movimentada, dirigir, ver um familiar em risco, receber uma ligação inesperada, ser pego de surpresa, tomar uma decisão difícil, enfrentar uma conversa delicada, fazer uma prova, perceber um risco, temer uma perda ou apagar a luz sozinho à noite, ao lembrar de...

Talvez você nem tenha notado, mas seus medos, ansiedades e inseguranças rondam silenciosamente cada instante, moldando suas escolhas, seus passos e resultados. E se eu dissesse que, para cada um desses momentos, existe um caminho para transformar a APREENSÃO em FORÇA, o RECEIO em IMPULSO e a HESITAÇÃO em AÇÃO, num gesto de CORAGEM?

Passo do Gigante. É disso que trata este livro: da coragem que muitas vezes nós desconhecemos ter, mas que pode mudar o rumo da nossa vida e a de todos aqueles que amamos.

E, já que falamos sobre as pessoas que amamos, que queremos bem — família, amigos, colegas de trabalho — quero propor um acordo a você.

PASSO DO GIGANTE

Se alguma das dicas práticas apresentadas nos próximos capítulos fizer diferença na sua vida, impactando positivamente sua jornada, presenteie ou indique este livro a pelo menos duas pessoas. Assim, você também será um agente de transformação, contribuindo para uma mudança positiva na vida de alguém.

AGRADECIMENTOS

Não poderia iniciar esta seção sem agradecer primeiramente a Deus pela permissão de estarmos juntos nesta jornada de aprendizado e evolução.

Aos meus filhos Lucca e Leonardo, hoje adultos e exemplos de caráter, por me ensinarem e retribuírem o amor semeado em todos esses anos de convivência.

À minha companheira Simone, por ter superado ao meu lado, nesses últimos vinte e nove anos, as tempestades e calmarias da vida, sendo meu porto seguro na construção da nossa família e do nosso lar.

Aos meus pais, Dona Tânia e Sr. Reis (*in memoriam*), por terem forjado meu caráter numa família muito rica de princípios e valores.

Aos meus irmãos Juliana e Vinícius, por me darem suporte nos momentos mais difíceis em que mais precisei do apoio da família.

À família estendida, incluindo meu irmão de vida, sócio, parceiro, mentor e confidente, Christian Visval, que com sua forma direta sempre me desafiou a ser um profissional melhor e a enxergar as situações por um ângulo mais racional e objetivo, além das valiosas dicas e dos momentos de vida compartilhados nesta obra.

Ao meu sócio e mentor Adalberto Bem Haja, pelos valiosos aprendizados no mundo do venture capital, das startups e da nova economia e por atravessarmos juntos com o Christian um dos momentos mais desafiadores da humanidade, a pandemia de covid-19, dando nosso PASSO DO GIGANTE no digital com o primeiro podcast do mercado de segurança do país.

Aos meus sócios Christian, Adalberto e ao nosso time do CT Hub e Seg Summit, protagonistas do maior movimento de transformação, de comunidade e ecossistema do mercado de segurança no país.

Ao meu sócio israelense Hen Harel e a todo nosso time da Ôguen, pela oportunidade de construirmos juntos algo tão grande e impactante para o mercado nacional baseado nos ensinamentos e nos diferenciais de Israel.

Ao meu sócio Christopher, por acreditar e confiar no nosso propósito.

Ao mentor e futuro sócio João Kepler (ainda não sei em qual negócio, mas isso é só questão de tempo) pelos ensinamentos sobre negócios e vida, pela provocação que me fez ter a CORAGEM para me tornar coinvestidor na Bossa Invest, pela generosidade e por nos presentear com o prefácio deste livro.

Aos amigos e parceiros da Bossa Invest, pela acolhida e aprendizado no mundo dos investimentos e Venture Capital.

Aos queridos Stanley Bittar, Raquel Holler, Luiza Helena Trajano, Lilian Primo Albuquerque, Marcus Marques e José Augusto Schincariol, pelos aprendizados e conexões poderosas que mudam vidas.

Aos amigos, sócios e executivos das dezenas de *startups* nas quais acredito e invisto e que estão transformando o país com a força do empreendedorismo.

Aos inúmeros clientes, parceiros e amigos do segmento com quem tenho a honra de compartilhar momentos incríveis, em especial ao querido casal Érika Zanete e Roberto Costa que, num jantar em seu apartamento em São Luís do Maranhão, me presentearam com um exemplar autografado do livro *Segurança é Estilo de Vida* e, na dedicatória, Roberto me desafiou a juntar-me ao seleto grupo de amigos autores e disse que aguardava o *Passo do Gigante*, dando assim origem ao título desta obra, afinal DESISTIR não é opção e MISSÃO DADA É MISSÃO CUMPRIDA.

Um agradecimento especial ao amigo irmão comandante Diógenes Lucca por todo o cuidado e carinho em família, pela inspiração, pelos aprendizados, por nos presentear com o posfácio deste livro, além da honra de me permitir, em 2021, contribuir e prefaciar seu livro: *Super Performance – Lições das tropas de elite aplicadas ao mundo corporativo*, mais um importante passo para superar os meus medos e ter a CORAGEM de escrever este livro.

Ao querido autor, palestrante e mentor dos mentores Roberto Shinyashiki, que, com sua família e equipe, me deu vários insights e me conectou, num encontro em seu apartamento em São Paulo, com esse ser humano incrível que é a Rosely Boschini.

Sozinho eu certamente não teria chegado até aqui. Tenho uma imensa gratidão a todos que fazem parte da minha história e da minha jornada, afinal como eu sempre digo: *Ninguém mergulha sozinho no mar nem na vida*.

PREFÁCIO

Por João Kepler

Todos nós sentimos medo. É inevitável, quase instintivo. Mas, o que diferencia aqueles que avançam daqueles que ficam paralisados é a coragem, não a ausência do medo, é a decisão consciente de enfrentá-lo. Este livro é um convite poderoso para você, leitor, transformar seu medo em força, sua hesitação em impulso e dar o seu próprio PASSO DO GIGANTE.

Coragem não é um privilégio reservado aos destemidos. É um exercício diário, um músculo que se fortalece a cada decisão difícil, a cada confronto com as próprias inseguranças. E aqui está o ponto-chave: ninguém nasce corajoso. Coragem é cultivada, aprendida, refinada por meio das experiências e, muitas vezes, dos erros que nos moldam.

A leitura que você tem à sua frente é muito mais do que um manual: é uma jornada. O cidadão Kleber Reis não apenas compartilha sua história de superação, mas também coloca em suas mãos as ferramentas para que você construa a sua. De maneira prática e acessível, com linguagem simples, ele desmistifica a coragem, mostrando que ela não é um ideal distante, mas uma escolha possível.

No decorrer das páginas, você encontrará não apenas relatos inspiradores, mas também insights poderosos sobre como o medo funciona e como ele pode ser domado. Compreendê-lo é o primeiro passo para vencê-lo. O segundo é decidir agir, mesmo quando suas mãos tremem e sua voz falha. É nesse momento que a mágica acontece.

Este livro é um espelho: vai provocar você a olhar para si mesmo, para seus medos, para histórias que conta a si próprio. E, mais do que isso: desafiará você a reescrevê-las. Porque, como o autor nos lembra, o medo não é nosso inimigo. Ele indica crescimento, um aviso de que estamos prestes a expandir nossas fronteiras.

Seja no âmbito pessoal, profissional ou até espiritual, a coragem será sempre o elemento crucial. E, como o próprio Kleber demonstra, é nos momentos de maior vulnerabilidade que descobrimos nossa força genuína. Não se trata de eliminar o medo, mas de aprender a coexistir com ele, convertendo-o em impulso para nossas conquistas mais grandiosas.

Eu acredito que este livro não apenas vai impactar sua vida, mas também a de todos que o rodeiam. Ao aplicar os aprendizados que encontrará aqui, você será capaz de inspirar e liderar outros a darem seus próprios PASSOS DE GIGANTE.

Então, aqui está o meu convite: não apenas leia este livro. Viva-o. Deixe cada capítulo ser um chamado para a ação, uma oportunidade de desafiar suas próprias crenças limitantes. E lembre-se: a coragem não é o fim do medo, mas o início de uma nova história: a sua.

Boa leitura,
JOÃO KEPLER.

INTRODUÇÃO

Nesta situação, você também sentiria medo?

Eram 9h23 da manhã do dia 11 de novembro e minha garganta estava seca, apesar das largas goladas na garrafinha de água mineral; já tinha ido ao banheiro duas vezes, meus batimentos cardíacos estavam acelerados e eu suava muito, mesmo com o ar-condicionado do auditório regulado para uma temperatura bastante fria.

Sentado na primeira fileira de poltronas do Teatro das Artes, aguardava o momento em que o mestre de cerimônias anunciaria meu nome para subir no grande palco e palestrar no maior evento anual do mercado de segurança do país. Não seria mais uma palestra técnica ou uma certificação de produtos — áreas que, como engenheiro por formação e experiência profissional de vários anos, aprendi a dominar – mas, sim, uma palestra para tocar os corações e falar sobre pessoas, sentimentos, humanização, aprendizado, evolução, amor, fé, coragem e vida.

Um ano antes, eu estava na plateia, assistindo a esse evento, que, para o mercado de segurança, é tão relevante quanto o Rock in Rio para o cenário musical. De repente, o apresentador anunciou que revelaria os nomes dos palestrantes para o próximo ano — um palco que já recebeu personalidades como os filósofos Mario Sergio Cortella e Clóvis de Barros Filho, o navegador e escritor Amyr Klink, o jogador Denilson, da seleção pentacampeã de futebol, o querido Marcos Piangers, autor do *best-seller O Papai é POP*, além de muitos outros palestrantes que admiro e respeito. Então, ele enfatizou que, entre os nomes já confirmados, havia um que ainda não fazia ideia de que estaria ali no ano seguinte. Foi quando, para minha surpresa, vi minha foto projetada no telão gigante do palco.

Nem mesmo quando mergulhei no Arco de Darwin, no Arquipélago de Galápagos, a mais de 1.300 quilômetros da costa do Equador – no meio do Oceano Pacífico, sem qualquer possibilidade de comunicação com a civilização e cercado por imensos cardumes de tubarões-martelo nadando em círculos ao meu redor — senti tanto medo quanto naquele instante em que iria me expor, falar sobre minhas fraquezas, meus medos, diante de uma plateia composta por amigos, familiares, fornecedores, clientes, parceiros de negócios, conhecidos e desconhecidos, todos prontos para julgar minha performance. Tive medo.

Medo de ter um branco na hora, de esquecer algo importante, de falhar na mensagem, de errar, de ser julgado ao expor meus erros e derrotas, de perder negócios, de decepcionar amigos e familiares que tinham alta expectativa em relação à palestra, de frustrar as expectativas do responsável pelo evento, que confiou a mim a missão de abri-lo, das pessoas presentes não gostarem do conteúdo, de, em algum momento, virar um meme, de estragar o início do maior evento anual do nosso mercado. Tive medo.

E o contraponto é que minha palestra com o tema do projeto *Mergulhando na Vida* (falarei mais sobre ele no capítulo *Afinal, o que é o Passo do Gigante?*) começava justamente abordando nossos medos, lembrando que até os super-heróis têm os seus, suas fraquezas, vulnerabilidades, dilemas e conflitos internos.

INTRODUÇÃO

Ao mesmo tempo, imaginava que, na cabeça da plateia, um empresário bem-sucedido não poderia ter esse tipo de medo, e esse sentimento me deixava angustiado, com uma sensação que, mais tarde, passei a estudar. Descobri que isso acomete tanto cidadãos comuns quanto grandes personalidades e celebridades — um tema que voltarei a abordar em um capítulo específico: *A coragem de superar a síndrome do impostor.*

Lembrei da minha preparação para aquele momento: da mentoria presencial que fiz com o querido mentor e palestrante Marcelo de Elias, dos ensaios, da criação de cada slide, da comovente história de superação que estava prestes a apresentar ao público. Respirei lenta e profundamente, tentando controlar as reações involuntárias do meu corpo e os pensamentos desenfreados. Foram eternos cinquenta e cinco segundos para que tudo isso acontecesse na minha mente, até que eu fosse anunciado e subisse os degraus que me levariam aos holofotes do grande palco do Teatro das Artes. Ali eu iniciaria um dos momentos mais comoventes da minha história até então, sendo aplaudido de pé ao final de quase uma hora de transformação pessoal e superação.

A coragem não é a ausência do medo, mas a superação do medo, o enfrentamento, a capacidade de agirmos apesar dele.

É não permitir que o medo nos paralise, bloqueie ou entorpeça.

Que sensação incrível é **vencer o medo!**

É a sensação da vitória, da conquista, do empoderamento, da exploração do nosso grande potencial como humanos.

É mágico, lindo, sensacional, maravilhoso!

PASSO DO GIGANTE

> **E é essa a sensação que desafio você, a partir de agora, a sentir no decorrer da leitura deste livro, aplicando na prática os *insights*, as dicas, experiências e conhecimentos aqui compartilhados e desafiando-se a vencer os SEUS medos.**

Sim, SEUS medos, pois cada um de nós é um ser único, com sua própria história, criação, derrotas e vitórias, experiências, momentos bons e ruins, acertos e erros, sentimentos, pensamentos, propósitos, fraquezas, habilidades e potenciais — cada um em seu momento de vida, nível de entendimento e maturidade. E não nos cabe julgar, pois não há medo maior ou menor, tolo ou justificado: medo é medo. Ponto. Sua intensidade só você conhece, sente, percebe — e é ela que afeta suas atitudes, decisões e resultados.

Compartilho, nesta obra, experiências pessoais e de muitas pessoas que me ajudaram compartilhando suas próprias jornadas, para que, juntos, possamos ter a coragem de enfrentar, de forma prática, nossos medos e sermos mais felizes, prósperos e plenos em nossas vidas.

Contribuíram para esta obra, na sua fase de pesquisa, desde amigos até anônimos, em diferentes fases de vida, maturidade e evolução. Afinal, todos temos, em maior ou menor grau, nossos medos e formas de lidar com eles, independentemente de classe social ou poder econômico. Todos somos aprendizes e professores em alguma matéria da vida. Somos humanos em busca da felicidade, e a coragem é um elemento muito poderoso na construção de uma vida próspera e feliz.

A coragem é o farol que rompe a escuridão do medo, iluminando o desconhecido e revelando caminhos antes ocultos.

INTRODUÇÃO

Não é feita de certezas, mas de um impulso que desafia limites, transformando dúvidas em passos e o impossível em conquista. É ela que nos convida a avançar, mesmo diante do abismo, tornando o desconhecido uma jornada possível.

Nos próximos capítulos, estarão compiladas essas experiências e minhas sugestões, lembrando que não há certo ou errado nem fórmula mágica, mas existem boas práticas e relatos de quem já passou por situações similares. Assim, este conteúdo pode servir, no mínimo, como exemplo ou inspiração, com o intuito de que você, leitor, se sinta provocado a **agir**.

Hoje vivo a fase mais próspera da minha vida — aquela de transbordo, de conquistas, de reconhecimento, de autoridade e de sucesso pessoal e profissional. Mas ela não seria plena e completa sem o cumprimento desta missão, deste chamado para compartilhar com você, esta jornada de altos e baixos, de acertos e erros, de aprendizado e evolução, para que possa impactar positivamente também a sua vida e a daqueles que o cercam.

Acredite, vale a pena tentar! E vamos conseguir juntos! Coragem para iniciar a leitura e desafiar-se a identificar e superar seus medos! **Coragem para mergulharmos juntos nesta jornada!**

"

Coragem não é a ausência do medo, mas a superação do medo, o enfrentamento; é a capacidade de agirmos apesar dele.

A coragem não é uma qualidade reservada apenas aos heróis ou aos destemidos. Ela é acessível a todos os seres humanos, independentemente de suas circunstâncias. A coragem é uma escolha consciente de enfrentar as dificuldades da vida com integridade e determinação. É a força interior que nos permite levantar após cada queda, aprender com nossos erros e continuar a trilhar nosso caminho com esperança renovada.

1
A CORAGEM DE NÃO DESISTIR

Antes de esclarecer a você, leitor, o que é o *Passo do Gigante*, título desta obra, não poderia deixar de admitir que, diante do desafio citado na introdução — falar em público sobre um assunto tão delicado para mim diante de uma plateia gigante e heterogênea —, eu pensei, em alguns momentos, em desistir, em dar alguma desculpa. E uma parte do meu pensamento me questionava por que eu aceitei este desafio, já que as possibilidades de perda eram maiores que os possíveis ganhos. Enfim, por que eu estava me expondo daquela forma? Com duas vozes internas conflitantes discutindo e argumentando, ouvi então o argumento final do meu lado racional que me levou a continuar. Você ajudará outras pessoas que também já pensaram — ou estão neste momento pensando — em desistir — inclusive da vida — ou que estão sofrendo. Talvez estejam passando por uma experiência que você já tenha vivido e superado, e sua mensagem pode ser uma ferramenta importante para ajudá-las a dar seus *Passos do Gigante*. Uma importante lição que aprendi e que compartilho com você, é que:

PASSO DO GIGANTE

> **Não fracassamos quando falhamos, pois podemos aprender nas derrotas e voltar melhores, tentando novamente, mais preparados, maduros e com mais chances de vencer. Fracassamos apenas quando desistimos.**

O gosto delicioso da vitória ou o amargo sabor da derrota só são permitidos a quem está competindo, a quem assume o protagonismo e entra no jogo — não a quem desistiu. Aos espectadores e desistentes, cabe aplaudir ou criticar. Vitória ou derrota são resultados possíveis apenas para quem está competindo, aos expectadores na plateia cabe apenas assistir, torcer, vaiar, criticar, apontar, palpitar e reclamar. E faço esta provocação porque, em alguns momentos da vida, somos protagonistas e, em outros, somos plateia; só precisamos ter essa consciência e nos policiarmos para identificar como está sendo nosso comportamento em cada posição, lembrando sempre que quando estamos no jogo da vida **desistir não é opção**.

Diariamente tomamos inúmeras decisões e fazemos muitas escolhas, algumas inconscientes, e, para as outras, precisamos pensar antes de decidir. Desde a escolha das roupas que vamos vestir, do que vamos comer, de como vamos nos deslocar, se saímos ou voltamos, se elogiamos ou criticamos, se compramos ou não, se escolhemos este ou aquele, se nos calamos ou nos expressamos, se pedimos ou deixamos para depois, se nos envolvemos ou nos afastamos, se ligamos ou ignoramos, se enviamos ou reconsideramos, se emprestamos ou recusamos, se respondemos ou permanecemos em silêncio, se aceitamos ou recusamos, se vamos ou desistimos, se atendemos ou ignoramos, se agimos ou ficamos inertes, se torcemos para um ou para outro, se votamos neste ou naquele, se estudamos ou trabalhamos, se assistimos a isso ou àquilo, se aprendemos ou nos distraímos, se ajudamos ou atrapalhamos, se descansamos ou nos divertimos...

O resultado do conjunto das nossas decisões nos trouxe até aqui, **e nós mesmos o construímos**!

Se você está muito feliz e satisfeito e integralmente pleno com **TODOS** os aspectos da sua vida e suas escolhas, ótimo, parabéns! Mande-me uma mensagem e, por favor, compartilhe comigo seu segredo.

Mas, se você, assim como eu, também não está plenamente satisfeito, é imprescindível elevar seu nível de consciência, parar de culpar os outros — o governo, o patrão, a empresa, o fornecedor, o cliente, o cônjuge, o sócio, a família, o destino — e agir para promover uma mudança que começa em você!

É difícil e doloroso no começo, mas é fundamental ter a **coragem** de assumir que você só está assim hoje, neste exato momento, por **conta das suas próprias escolhas**, por não ter assumido o papel principal e mudado o jogo. Você ficou como espectador, enquanto poderia estar agindo como protagonista em uma determinada situação — por omissão, negligência ou por decisões e escolhas erradas que tenha tomado. Talvez esteja sofrendo diariamente por não ter **coragem** de mudar e, em vez disso, esteja dando desculpas a si mesmo, transferindo a responsabilidade para os outros. Na sua cabeça agora você parou e pensou em silêncio, indignado: *Mas, Kleber, você diz isso porque não conhece minha realidade, minhas necessidades. Eu já nasci... minha mãe...meu pai... a comunidade... meus estudos, não tinha dinheiro para... todo mês preciso... meu cônjuge... minha família...*

> ## Pode continuar justificando para você mesmo as suas mesmas desculpas e continuar onde está.

Ou pode parar, respirar, e entender que eu também passei por isso — e não tive facilidades! Edu Lyra, da Gerando Falcões, que hoje arrecada milhões de reais para transformar as favelas, também não! O bilionário Flávio Augusto, empresário e escritor brasileiro que começou sua carreira como vendedor de cursos de inglês, também não! Rick Chesther, o "cara da água na praia", que se tornou palestrante e autor do livro *Pega a Visão*, também não! Janguiê Diniz, bilionário e sócio da Bossa Invest, que começou como engraxate e hoje lidera um império na educação, também não!

E, assim, temos inúmeros outros casos de bilionários, como o empresário russo Roman Abramovich, dono do clube inglês Chelsea, que nasceu na pobreza e ficou órfão aos dois anos de idade; a apresentadora, jornalista, atriz, empresária, produtora e escritora Oprah Winfrey, cuja infância foi marcada por traumas; o ator Leonardo DiCaprio, que dormia em estações de metrô; além dos milhares de anônimos que, hoje, são mais felizes e prósperos do que sua geração anterior. O que todas essas pessoas têm em comum não é sorte — é o fato de que não se conformaram com suas origens e decidiram fazer um esforço interior para agir. Elas assumiram as rédeas da vida, deixando de se apoiar em desculpas ou de culpar os outros. Não ficaram esperando; foram resilientes e tiveram a **coragem** de assumir o **protagonismo da mudança**.

E, quando elevamos o nosso nível de consciência e trazemos a responsabilidade para nós, sofremos inicialmente — bate uma sensação ruim —, mas, no momento seguinte, passamos a atuar na mudança. Afinal, **não podemos mudar as coisas sobre as quais não temos controle, mas podemos transformar aquilo que está sob nossa própria responsabilidade**.

Acredite: isso muda o jogo e o empodera de tal forma que, com planejamento e coragem, você alcançará patamares que nunca imaginou quando se via apenas como vítima da sociedade, do sistema, como mero espectador da vida.

A dica é: **saia da plateia e venha para o palco!** Assuma o protagonismo e não desista até conseguir! Não culpe os outros — olhe para si e reflita sobre o que pode fazer de diferente, algo que dependa apenas de você, e faça!

Ainda hoje vejo amigos empresários reclamando do funcionário A, do colaborador B, e aí eu paro e devolvo a reflexão com uma provocação: "Mas não foi você quem contratou ou permitiu que fosse contratado? Então, a responsabilidade é sua! Faltou procedimento, comunicação ou treinamento? A responsabilidade é sua! Mude a forma de contratar, comunicar e treinar as equipes da sua empresa. Faça o que está ao seu alcance, em vez de querer mudar a forma de agir do funcionário sobre o qual você não tem controle."

Da mesma forma, vejo pessoas reclamando de seus parceiros, mas que não assumem a responsabilidade de iniciar a mudança, preferindo esperar que a situação melhore — enquanto, na verdade, só piora. Em vez de agir na solução, tomando a iniciativa por si mesmas, elas continuam reclamando para terceiros, tentando provar que têm razão ou assumindo o papel de vítimas.

Faça este teste com seu companheiro ou companheira: em vez de reclamar ou implorar por amor, experimente fazer um elogio, um carinho, um agrado — ainda que, na **sua cabeça, ele ou ela não mereça — e surpreenda-se com o**

resultado. Seja você o protagonista da mudança de comportamento que deseja do outro.

Numa analogia com o projeto Mergulhando na Vida, relembro que todos sabemos que o mar pode estar calmo ou agitado, que existem tempestades, correntezas, grandes ondas, que há luz durante o dia e escuridão à noite. Então, foque seus esforços em melhorar seu barco e suas habilidades de navegação, **e pare de culpar o mar pelos seus naufrágios!**

Já passei por momentos de grande dificuldade na minha vida, sentindo-me sem forças e energia para continuar remando, sem dinheiro e sem horizonte à vista. Culpava a situação e os outros pelos meus fracassos. Houve um tempo em que pensei em desistir de tudo, mas, graças a Deus, fui resgatado. Hoje transbordo energia e tenho a missão de alertá-lo: se você ou algum conhecido está pensando em desistir do bem mais precioso e belo que temos — a vida —, não o faça!

Busque ajuda! Saiba que desistir é apenas uma fuga temporária e **NÃO** será uma solução!

Imagine que a vida seja uma grande escola, em seus diversos anos letivos e graduações, e que você seja submetido a provas para seu aprendizado e evolução. Agora, imagine que, diante de uma dessas provas, você decida fugir da escola. Desistir da vida é isso. E o pior: você terá que voltar. Será penalizado por ter fugido anteriormente, sofrerá ainda mais e retornará depois para a mesma série, enfrentando novamente as mesmas provas — agora com um nível ainda maior de dificuldade. É uma tolice! Mas, Kleber, o que fazer numa situação dessas?

A primeira coisa é entender e acreditar que desistir não será a solução e, então, ter a **coragem para não desistir!**

A segunda, **é pedir ajuda. Não sofra calado.**

Acompanhei casos de sofrimento de colegas de trabalho, amigos e parentes de pessoas que desistiram silenciosamente, sem nenhum indício ou motivo aparente. Eram profissionais em altos cargos executivos ou adolescentes com uma vida inteira pela frente. Hoje, essas pessoas carregam uma culpa enorme, sentindo-se negligentes, por não terem percebido nada ou não terem agido a tempo.

Ou seja, além de não ser solução — pois trará novas e mais difíceis provas —, a desistência fará quem ama você sofrer profundamente, trazendo dor a todos que o cercam. A terceira, é reler o início deste capítulo e entender que realizar a mudança da sua vida só depende de uma decisão sua. Deixe de ser vítima e torne-se o protagonista da sua história nesta jornada. A quarta, é compreender o tempo das coisas e a importância da resiliência — de não desistir, mesmo quando o progresso parece invisível aos nossos olhos, especialmente quando comparado ao imediatismo dos resultados que desejamos. Muitas vezes, olhamos para a Mona Lisa e nos encantamos com a perfeição do sorriso enigmático, sem imaginar as milhares de tentativas silenciosas que Leonardo da Vinci fez ao longo da vida. Historiadores sugerem que ele trabalhou integral ou parcialmente em cerca de 2.390 obras, mas apenas uma dúzia delas chegou até nós com a fama mundial que conhecemos.

Pense nisso: quanta dedicação, quantos esboços inacabados, quantos fracassos silenciosos estão por trás de cada pincelada definitiva. Da Vinci não se tornou um gênio da noite para o dia; foi o tempo — e a coragem de continuar criando — que o lapidou.

Da mesma forma, atletas como Oscar Schmidt, o "Mão Santa" do basquete, passaram por incontáveis arremessos que nunca viraram manchete até acertarem aqueles que entraram para a história. É um lembrete de que, por trás dos holofotes, existe uma rotina interminável de suor, tentativas e frustrações.

Outro grande exemplo vem de Michael Jordan, que errou mais de nove mil arremessos e perdeu cerca de trezentas partidas ao longo da carreira. Em vinte e seis ocasiões, ele teve a chance de decidir o jogo no último lance — e falhou. Em todos esses casos, a resiliência foi o elemento-chave: não era apenas de dom ou sorte, mas insistência, estudo, refazendo e acreditando que, na soma de todos os fracassos, surgiria o brilhantismo das conquistas. Nada acontece rapidamente como gostaríamos; é o tempo — bem aproveitado, com dedicação e coragem — que transforma tentativas em obras-primas e jogadas geniais em eternas lendas.

Nos próximos capítulos, vamos mergulhar na coragem sob os diversos aspectos da vida, e tenho certeza de que esse conteúdo impactará positivamente a sua jornada, assim como impactou a minha. Mas, para cada um, será preciso ter a coragem de não desistir.

Eu também ainda estou aprendendo. Talvez esteja um pouco mais avançado em algumas disciplinas por já ter vivido determinadas situações e assim posso te ajudar a subir alguns degraus, a chegar no próximo patamar. Da mesma forma, também posso aprender muito com você. Minhas redes sociais @engkleberreis e @passodogiganteoficial estão abertas para essa interação.

Será uma imensa alegria ver você **prosperar** em algum aspecto da sua vida, e assim, **impactar positivamente todos ao seu redor!**

Uma onda contagiante **de Coragem e Prosperidade** espera por você.

"

*Pare de culpar
o mar pelos seus
naufrágios.*

Na vastidão das experiências humanas, a coragem emerge como uma força intrínseca, um farol que guia nossa jornada. Ela se manifesta como uma chama ardente, iluminando os recantos mais sombrios da existência e permitindo-nos transcender as limitações que nos cercam. No entanto, a coragem é muito mais do que um mero impulso emocional — é uma virtude que revela a verdadeira natureza do ser humano.

2

AFINAL, O QUE É O PASSO DO GIGANTE?

Imagine, no interior de um barco, bem acima da linha d'água, atracado próximo a uma ilha distante da costa, após mais de duas horas de navegação com a embarcação enfrentando as ondulações, aquele cheiro de óleo diesel queimando do motor impregna o ar. Agora, imagine o barco parado, balançando, e você vestindo uma roupa completa de manga longa, calça, macacão e capuz de neoprene de cinco milímetros, bem apertada. Já suando pelo calor do sol, pelo esforço e pela pressão da "borracha" ajustada ao corpo, você se prepara para o próximo passo. Em seguida, prende um cinto com doze quilos de chumbo na cintura, garantindo uma flutuação negativa — ou seja, a capacidade de afundar. Adicione agora um colete regulador, suas mangueiras e acessórios a um cilindro de ar comprimido com mais dezoito quilos nas costas, travando todas as presilhas de segurança. Infle seu colete com o ar comprimido e sinta-o encher e abraçar seu corpo. Calce as duas nadadeiras (não, não são pé de pato) e caminhe desajeitadamente até a lateral da embarcação, onde a portinhola está aberta.

Coloque sua máscara sobre o rosto, tapando o nariz, e comece a respirar o ar comprimido pelo regulador na boca.

PASSO DO GIGANTE

Faça seu checklist de segurança e, na beiradinha da plataforma, neste momento, não olhe para baixo.

Não, não olhe para baixo, não olhe para a água, ou poderá cair de frente devido ao peso nas costas.

Olhe para a frente. Olhe para o horizonte. Mire seu olhar naquela pedra da ilha. Segure firme sua máscara e o regulador com uma das mãos espalmada e, com a outra, segure a fivela do seu cinto de lastro para evitar que ele se solte. Controle sua respiração, que está ofegante. Acalme-se. Está pesado: cinto de lastro, cilindro — mais de trinta quilos extras —, roupa apertada, colete inflado, suor. A máscara está embaçando, a visão turva.

Pare de olhar para trás e pensar em desistir! Nem cogite voltar ao banco e desmontar tudo!

Está na hora de olhar para frente — nem para trás, nem para baixo. Mire no horizonte, tenha coragem, supere seus medos e dê um passo bem largo para cair na água: O Passo do Gigante.

Foi assim o cenário, a instrução e a história do meu primeiro Passo do Gigante no mergulho autônomo.

A primeira vez que tive contato com esse termo foi em meu curso básico de mergulho autônomo recreacional pela PADI*, há trinta anos.

Conceitualmente, o Passo do Gigante é uma técnica utilizada pelo mergulhador para entrar na água equipado. Ele deve olhar para frente e dar um largo passo no ar, mantendo o olhar fixo na linha do horizonte até cair na água de pé, sentindo as nadadeiras tocarem a superfície, afundando e emergindo logo em seguida. Por fim, sinalizar ao barco que está tudo bem.

---

* Professional Association of Diving Instructors. Organização internacional que oferece treinamentos e certificações para mergulhadores.

Esta entrada é, de longe, a mais comum, segura e utilizada no mundo do mergulho. Até hoje, lembro-me da sensação de ter as pernas tremendo nesse momento da verdade — com a respiração ofegante e a sudorese sob a apertada roupa de neoprene — de olhar para trás e sentir medo, de pensar em desistir, como descrevi no início.

Após centenas de mergulhos pelo país e pelo mundo, e diversas formações, especializei-me em mergulho avançado, equipamentos, resgate e técnicas específicas, como: *side mount diver*, mergulho em profundidade, naufrágios e mergulhos com ar enriquecido. Além disso, tornei-me *dive master*, concluí o curso de desenvolvimento de instrutores (IDC) e passei a conduzir alunos, apoiando operações na jornada de descoberta do mundo subaquático. Foi então que percebi que, após o treinamento teórico em sala de aula e o treinamento em águas confinadas (normalmente uma piscina), o momento crítico do treinamento sempre era o da primeira entrada equipado na água. Minha reação, há trinta anos, não foi exceção — era a regra, presente também na maioria dos alunos. Ao criar o projeto #MergulhandoNaVida (@mergulhandonavida), que traz ensinamentos do mergulho aplicados ao nosso dia a dia, estabeleci esse paralelo entre o Passo do Gigante e os momentos de inflexão da vida — aqueles em que precisamos superar nossos medos e ter a coragem de entrar na água e mergulhar. Só assim podemos desfrutar das belezas do novo e nos desafiar em um meio que não é naturalmente o nosso, enfrentando obstáculos, riscos, restrições e encantos.

Dar o Passo do Gigante e mergulhar é sair da zona de conforto — que, particularmente, prefiro chamar de zona de conformismo. É se colocar em um ambiente onde você não tem domínio, em condições de igualdade de gênero, raça e classe social, pois, lá embaixo, na água, nada do que você possui aqui na superfície faz diferença. É um exercício de igualdade, empatia, contemplação, companheirismo, humildade, aprendizado, evolução — além do respeito aos outros e ao planeta com seus inúmeros mistérios. Na preparação para a palestra Mergulhando na Vida, um amigo muito especial me provocou a criar minha "Curva de Vida", com alguns pontos marcantes da minha história até aquele momento. Passei, então, a chamar essa linha de "Curva de Percepção de Vida", que nada mais é do que nossa percepção sobre momentos de alegria e dor, altos e baixos, felicidade e angústia, pobreza e prosperidade ao longo do tempo. Tracei, então, uma segunda curva, que chamei de "Curva de Aprendizado", utilizando os mesmos pontos temporais da curva anterior. Foi quando percebi que, nos momentos de maior desafio, quando tudo parecia dar errado, estavam também minhas maiores oportunidades de aprendizado. Sobrepondo as duas curvas, foi absolutamente incrível identificar meus momentos Passo do Gigante — com destaques para quando me casei, quando quebrei nos negócios e quando fui diagnosticado com um câncer muito agressivo.

E você? Qual foi o seu Passo do Gigante? Aquele momento em que teve a coragem de tomar uma decisão importante, de superar um obstáculo — um verdadeiro ponto de inflexão na sua vida?

"

O resultado do conjunto das nossas decisões nos trouxe até aqui — e este é o caminho que nós mesmos construímos.

A coragem não reside apenas no enfrentamento de perigos físicos, mas também na disposição de explorar os abismos interiores da alma. É ela que nos impulsiona a desafiar nossas próprias crenças, questionar dogmas e desvendar os mistérios que permeiam nossa existência. Ao mergulharmos nessa jornada interior, descobrimos que a coragem é uma ponte entre o eu conhecido e o desconhecido.

3
A CORAGEM PARA RECOMEÇAR

Quantas vezes você já se sentiu perdido, sem rumo, como se tivesse chegado a um beco sem saída? Talvez tenha sido após o término de um relacionamento que parecia ser para sempre, depois de perder um emprego que julgava estável ou, ainda, quando um projeto fracassou, apesar de todo o seu esforço. Esses momentos deixam um gosto amargo na boca e a sensação de que tudo foi em vão. É justamente nesses instantes que a coragem de recomeçar se torna essencial. Recomeçar não é simples. **Exige aceitar que o cenário mudou e que o antigo plano já não serve mais**. Significa abrir mão de expectativas, de ideias enraizadas e, muitas vezes, de parte da própria identidade. **O fato é que recomeçar dói, e dói porque, para criar espaço para o novo, é preciso deixar o velho partir**. Mas, ao contrário do que se pensa, o ato de recomeçar não é prova de fracasso; é um gesto de coragem. É declarar para si mesmo: *Eu me permito tentar de novo, de um jeito diferente.*

A coragem de recomeçar começa quando você decide parar de enxergar os finais como condenações e começa a vê-los como portas que se fecham para que outras possam se abrir. Sim, há incerteza do outro lado, há insegurança e desconhecimento, mas também há a possibilidade de construir algo melhor, mais autêntico e mais alinhado com quem você é hoje.

Pense em quantas vezes, ao longo da vida, tivemos de reaprender algo básico: escrever com a mão esquerda após machucar a direita, socializar em um novo colégio, criar uma nova rotina depois de mudar de casa. Cada um desses processos nos moldou, ampliou nossa visão de mundo e nos tornou mais flexíveis. Se olhar com cuidado, verá que recomeçar não é algo totalmente novo para você. Você já fez isso antes, em menor ou maior escala — e sobreviveu. Mais do que isso: cresceu.

A coragem de recomeçar também passa por aceitar a própria vulnerabilidade. Assumir que a rota original não funcionou, que o caminho escolhido teve um fim antecipado ou que uma mudança radical se fez necessária não é sinal de fraqueza, mas de sabedoria. **É compreender que a vida não segue um roteiro fixo e que há valor em se adaptar, em mudar de rumo quando necessário**.

No mundo profissional, por exemplo, quantas pessoas brilhantes não começaram do zero após uma demissão? E quantos empreendedores como eu não faliram antes de encontrar o negócio certo? No campo pessoal, quantos recomeços amorosos não levaram a encontros mais verdadeiros e plenos? E quantos hobbies, projetos ou hábitos antigos, abandonados por um tempo, não foram retomados e tornaram a vida mais vibrante?

Recomeçar exige dar o primeiro passo. Pode ser um pequeno movimento: inscrever-se em um curso diferente, enviar um currículo para uma nova área, retomar um contato ou pôr em prática aquele hobby esquecido. Cada pequena ação reforça em você a ideia de que é possível, de que o seu futuro não está condicionado ao seu passado e que os erros e tropeços de antes não definem seu valor.

Alguns poucos meses após o início da pandemia de covid-19, minha esposa estava determinada a mudar de cidade e, apesar do meu medo inicial diante do cenário de incerteza e do momento muito difícil nos negócios, fui um homem inteligente — obedeci minha esposa (risos). Fato é que, na nova cidade, ainda que sem nenhum conhecido ou parente próximo, muitas portas e conexões se abriram, meus filhos finalizaram os estudos, os negócios prosperaram e nossa qualidade de vida melhorou significativamente. Esse foi o nosso Passo do Gigante enquanto família. Meu amigo construtor, confrade, chef pizzaiolo, sommelier, e anfitrião na cidade, Carlos Jacques, nos conectou com muita gente bacana. Por intermédio de um médico amigo dele fui recomendado recentemente aos melhores médicos do país para o tratamento do câncer.

Também me conectei com o prefeito Rodrigo Manga, que tem uma linda história de superação e coragem para recomeçar. De ex-dependente químico a prefeito de uma das maiores cidades do estado de São Paulo, tornou-se um fenômeno político no país, além de missionário e autor do livro *Governe sua vida e transforme o mundo*.

A coragem de recomeçar nossa vida numa nova cidade mudou positivamente nossa história.

Essa coragem do recomeço também é alimentada pela compaixão que você tem por você mesmo. **Em vez de se culpar pelo que não deu certo, olhe para trás com olhos mais gentis**. Pergunte-se: o que aprendi com essa experiência? O que posso levar para o próximo passo? Cada queda traz lições, e o ato de recomeçar permite que você use esses aprendizados para construir uma base mais sólida, realista e madura para a nova trajetória.

E saiba: você não precisa fazer isso sozinho. Converse com amigos, familiares ou mentores. Ouvir a experiência de outros que também tiveram de começar de novo é um lembrete poderoso de que você não é o único a enfrentar essa caminhada. Muitas histórias de sucesso foram escritas com capítulos de recomeços. Sua história também pode ser.

Recomeçar não é apagar o passado, mas reinterpretá-lo. Não é negar sua história, mas integrá-la de um jeito mais saudável ao seu presente. É ter a coragem de dizer: "Eu me dou uma nova chance", abraçando a incerteza com fé renovada na própria capacidade de criar, aprender e evoluir.

Ao recomeçar, você comprova a si mesmo que seu valor não está limitado a um caminho que deu errado, a um sonho que se desfez ou a uma rotina que perdeu sentido. Seu valor está na sua humanidade, na sua capacidade de refletir, sentir e agir. **E, acima de tudo, na coragem de enfrentar o desconhecido mais uma vez, sabendo que cada novo início traz, consigo, a promessa de se tornar uma versão mais forte e mais autêntica de si mesmo**.

Minha história profissional sobre a **coragem** para recomeçar não é diferente da de milhares de profissionais ou empreendedores que erraram em algum momento, caíram, quebraram e, que por necessidade de sobrevivência, precisaram buscar forças para recomeçar. Muitas vezes, dar muitos passos para trás em termos de padrão de vida, além de enfrentar severos impactos nas relações familiares.

Passada a fase de culpar os outros e após assumir o protagonismo normalmente a próxima etapa é marcada por sentimentos de **vergonha, culpa e arrependimento**.

Começa então a fase que eu chamo do **"E se..."** onde os pensamentos vagam em hipóteses mirabolantes: como teria sido diferente se isso tivesse acontecido, se aquilo não tivesse ocorrido, se fulano tivesse agido de outra forma, se beltrano não tivesse interferido, se aquele amigo ou parente tivesse ajudado, se o governo fosse diferente, se não tivesse acelerado tanto — e muito, muito mais.

É uma fase solitária, em que as pessoas parecem olhar para você com ar de julgamento, e a sensação de estar sendo rotulado como **fracassado** por todos ao seu redor se torna constante.

A pressão por honrar compromissos assumidos é insustentável, e a cobrança vem de todos os lados, gerando estresse e até sintomas de depressão, diante a incapacidade de resolver sozinho todas as demandas.

Muitas pessoas que você considera amigas se afastam e sequer respondem, temendo serem solicitadas a ajudar, passam a evitá-lo. Inúmeras vezes esse processo é seguido por uma separação conjugal, motivada pela falta de comunicação e, principalmente, pela ausência de perspectiva de solução e de um futuro juntos.

Se você se identificou com essa situação, está passando por isso ou conhece alguém que esteja, minha sugestão é: pare de conjecturar. Elimine o "E se..." da sua mente e foque apenas em analisar, de forma fria e objetiva, quais foram seus erros desde o início do processo — listando e escrevendo um a um.

O processo de listá-los é doloroso, pois muitas vezes traz lembranças ruins, mas é fundamental para o próximo passo:

O recomeço.

Com frequência, a simples lembrança dos erros cometidos ainda pode nos assombrar e nos paralisar.

A quebra desse ciclo depende do entendimento de que isso faz parte da nossa natureza como seres humanos — um instinto que foi essencial para nossa sobrevivência como espécie neste planeta, mas que pode ser superado.

Vamos mergulhar mais profundamente nesse tema nos próximos capítulos.

PASSO DO GIGANTE

Liste agora, em uma folha de papel, os seus acertos — aquilo que entende ter feito bem e que repetiria se tivesse uma segunda chance ou o poder de voltar no tempo.

Fiz esse exercício no aspecto profissional e identifiquei várias falhas de gestão em um dos negócios que quebrei. Foram desde o recrutamento, a seleção e a retenção de pessoas até a gestão e priorização do caixa da empresa. Houve falhas na clareza, dos indicadores e medições, na periodicidade dos alinhamentos e na comunicação com a equipe, que crescia rapidamente.

Além disso, enfrentei desafios inesperados, como conflitos de ego dentro do time, algo que nunca imaginei que poderia ocorrer.

Outros problemas incluíram a formalização de normas e procedimentos, a fiscalização de serviços terceirizados durante a execução dos trabalhos e a maneira como reagi a uma traição. Por outro lado, no aspecto comercial, superei todas as expectativas e certamente repetiria a fórmula. Saiba: você não está sozinho. Não foi o primeiro nem será o último a falhar. No capítulo *A Coragem para Empreender*, conto com mais detalhes como recomecei intraempreendendo após essa fase difícil da minha vida.

Entenda que errar faz parte do jogo e, mesmo as pessoas de grande sucesso, erram muito mais do que acertam.

> **A diferença entre o fracasso e o sucesso, entre o louco e o gênio, está no resultado.**
>
> **E o resultado nada mais é que a diferença entre os acertos e os erros, com suas respectivas intensidades e impactos.**

Portanto, não se trata de evitar erros, mas de identificá-los e corrigi-los rapidamente. O que faz diferença é a velocidade do diagnóstico e da ação corretiva, ainda que esta ação seja a decisão de mudar, pivotar, parar e realinhar.

E, quando acertar, o segredo é intensificar esse acerto, potencializá-lo e multiplicar o que está funcionando. Tenho amigos multimilionários que erraram muitas vezes, quebraram vários negócios, mas um único acerto potencializado foi suficiente para equilibrar essa "balança" e torná-los referência — modelos de pessoas bem-sucedidas. O resultado dessa equação foi extremamente positivo, mesmo diante da grande quantidade de erros.

> **A coragem para recomeçar depende da superação do medo de errar novamente.**

E, a melhor forma de não ter medo de cometer os mesmos erros novamente, é transformando cada falha listada em aprendizado. E aí, não diga para si mesmo: "Isso eu já sei". Esteja absolutamente aberto ao aprendizado. Busque duas, três, quatro fontes diferentes sobre o tema em que errou. Explore abordagens distintas e novas formas de pensar, mesmo que discorde por ideologia ou preconceito. Ouça, leia, assista e avalie os aspectos positivos dessa perspectiva diferente daquilo que acreditava ser o correto. Afinal, **se o seu jeito de fazer estivesse certo, esse erro não teria ocorrido e não estaria na sua lista**. Agora que está escrito, deve ser considerado e tratado. Nem ouse apagá-lo da sua lista sem um estudo profundo do tema.

Dia a dia, vá riscando cada um dos erros à medida em que os estudos evoluem — sem apagá-los — e veja sua lista sendo reduzida. A cada erro superado, comemore como uma vitória. Coloque à frente de cada problema superado um breve resumo de como fará diferente na próxima oportunidade.

Terminada a lista de correção dos erros cometidos, é hora de potencializar os acertos — estudando ainda mais, aprofundando-se nos temas e fortalecendo aquilo que já havia feito bem.

Para absolutamente tudo nesta vida, neste planeta em que vivemos, **há espaço e oportunidade para recomeçar**, independentemente da sua idade, sexo, etnia, condição econômica ou social, habilidade ou deficiência, capacidade ou nacionalidade. Só é preciso ter **coragem e agir** — hoje, e não amanhã —, pois a única coisa que pode limitá-lo é o tempo. **Nada é pior do que o arrependimento pelo tempo perdido: finito, justo, mas limitado para nós, humanos**.

Sinta, a cada aprendizado, que está evoluindo e se tornando cada vez mais apto a recomeçar, assumindo o compromisso de fazer diferente. E lembre-se: **as mesmas ações geram os mesmos resultados**.

Sim, você sentirá medo diante dos novos desafios, situações diferentes das anteriores, novos cenários, novas pessoas e novas provas. Naturalmente **tememos o desconhecido**. Mas, ao mesmo tempo, você estará muito mais preparado e apto a enfrentar os desafios e recomeçar. Afinal, coragem não é a ausência do medo, mas nossa capacidade de agir apesar dele. Eu acredito em você!

"

A coragem de recomeçar depende da superação do medo de errar novamente.

A coragem não está isenta de medo. É justamente na presença dele que a verdadeira coragem se revela. A coragem é a habilidade de enfrentá-lo e seguir adiante, apesar de suas garras afiadas. É como o alpinista que, diante do abismo imponente, sente o arrepio percorrer sua espinha, mas dá o próximo passo rumo ao cume. É o poeta que enfrenta o vazio da página em branco, mesmo quando atormentado pela incerteza.

4

O QUE ACONTECE CONOSCO QUANDO SENTIMOS MEDO?

Você acredita que, com conhecimento, você poderá controlar as respostas involuntárias do seu corpo ao medo?

Como já mencionei, minha formação é em Engenharia. Não sou médico, neurocientista nem especialista em biologia humana. Mas como bom aluno busquei em pesquisas científicas e consultei renomados amigos da área para obter **informações que considero serem extremamente importantes. Nosso objetivo é compreender o que acontece conosco quando sentimos medo, de modo que possamos atuar como protagonistas também no controle das nossas emoções**.

A **experiência do medo** é uma resposta a uma ameaça percebida e desencadeia uma série de mudanças fisiológicas e comportamentais que ajudam nosso organismo a se defender ou escapar de um perigo. É uma resposta instintiva, que ocorre sem pensamento consciente e que continua desempenhando um papel essencial em nossa vida — e na de outros animais — até hoje.

Quando me refiro ao termo "ameaça percebida" significa que não importa se ela é real ou imaginária — o fato é que a percebemos e ativamos a resposta instintiva de "lutar ou fugir".

O medo é uma emoção essencial, presente no cérebro de todos os animais há milhões de anos, e evoluiu como um mecanismo de proteção. Como veremos no próximo capítulo, acredita-se que é um ferramenta adaptativa que ajudou nossos ancestrais a sobreviver em ambientes perigosos, alertando-os sobre possíveis ameaças e encorajando-os a agir para se proteger.

Ainda hoje, nós humanos sentimos medo em resposta a perigos potenciais, como a ameaça de dano físico. No entanto, também somos capazes de sentir medo de ameaças aprendidas, antecipadas ou abstratas, como o medo de falar em público, de altura, de rejeição social, do fracasso, do desconhecido e tantos outros — cujos antídotos abordaremos mais à frente.

Independentemente da origem do medo, a resposta fisiológica básica é a mesma: liberação de hormônios do estresse, aumento da frequência cardíaca e da respiração, além da elevação do estado de alerta e foco.

Para entendermos como isso acontece, vamos mergulhar um pouco mais no entendimento desse processo e das reações do nosso organismo.

A amígdala cerebral é uma pequena estrutura em forma de amêndoa, localizada no lobo temporal e está envolvida no processamento de emoções, principalmente aquelas relacionadas ao medo e à ansiedade. Quando uma pessoa experimenta um evento emocionalmente carregado, a amígdala é ativada e envia sinais para outras partes do cérebro para iniciar uma resposta. A seguir temos uma visão resumida de como ela processa as emoções:

O QUE ACONTECE CONOSCO QUANDO SENTIMOS MEDO?

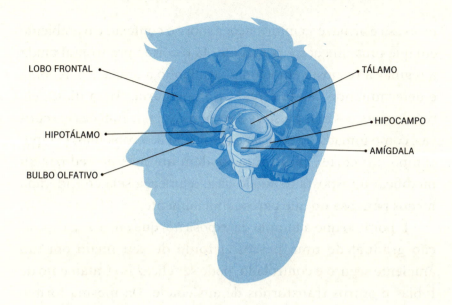

- **Percepção de um evento emocional:** recebe informações sensoriais de várias regiões do cérebro que as processam, como informações visuais, auditivas e olfativas.
- **Avaliação do evento:** avalia o significado emocional do evento e determina se é positivo, negativo ou neutro.
- **Ativação da resposta ao estresse:** se o evento for percebido como negativo ou ameaçador, a amígdala ativa a resposta de "lutar ou fugir" enviando sinais ao hipotálamo, que ativa a liberação de hormônios do estresse.
- **Modulação da memória:** processa e consolida memórias associadas a eventos carregados de emoção, assim quando uma pessoa experimenta um evento traumático, a amígdala torna-se hiperativa e a memória do evento torna-se fortemente codificada, levando a memórias duradouras de medo e ansiedade.

O hipocampo e o córtex pré-frontal desempenham um papel essencial na regulação da resposta de medo desencadeada pela amígdala. O hipocampo, responsável pela memória, processa e armazena informações sobre o contexto e o ambiente em que uma ameaça é percebida. Já o córtex pré-frontal ajuda a regular a resposta emocional, avaliando a ameaça percebida e determinando se ela é real ou imaginária. Além disso, ele regula emoções e impulsos e é responsável por funções executivas, como tomada de decisão e resolução de problemas. O hipocampo e o córtex pré-frontal podem até mesmo reduzir ou modificar a resposta de medo caso a ameaça seja considerada menos perigosa do que parecia inicialmente.

É por isso que a terapia de exposição, que envolve a exposição gradual de uma pessoa à fonte de seu medo em um ambiente seguro e controlado, pode ser eficaz no tratamento de fobias e outros transtornos de ansiedade. Da mesma forma, quando nos sentimos seguros e protegidos em determinado ambiente, o medo pode ser experimentado como excitação ou prazer. Um exemplo disso é a sensação que alguém tem ao andar em uma montanha-russa ou saltar de paraquedas — experiências muitas vezes percebidas como estimulantes e não como assustadoras.

No final, é a nossa percepção da situação e o contexto em que a vivenciamos que impactam a forma como experimentamos o medo, determinando se ele será percebido como uma ameaça ou como um desafio excitante.

Essas respostas do nosso organismo são controladas pelo nosso sistema nervoso simpático, uma das divisões do sistema nervoso autônomo, responsável por regular funções involuntárias do corpo, como frequência cardíaca, pressão arterial, digestão, respiração, sudorese e dilatação das pupilas.

Algumas das estruturas que fazem parte do sistema nervoso simpático incluem:

Gânglios simpáticos: agrupamentos de corpos celulares de neurônios simpáticos, localizados próximos à coluna vertebral.

Cadeia simpática: série de gânglios simpáticos interconectados que percorre toda a extensão da coluna vertebral.

Medula adrenal: glândula endócrina — localizada acima dos rins — que secreta hormônios como adrenalina e noradrenalina, que desempenham um papel importante na resposta de " lutar ou fugir" do corpo.

Nervos simpáticos: originam-se na medula espinhal e se ramificam para diversos órgãos e tecidos do corpo, regulando suas funções.

Plexos nervosos: redes de nervos que conectam diferentes órgãos e tecidos do corpo, como o plexo celíaco, que fornece inervação simpática para o trato gastrointestinal e os órgãos abdominais.

Portanto, quando sentimos medo, várias coisas acontecem em nosso corpo, dentre as quais:

Liberação de hormônios: a medula adrenal secreta hormônios do estresse, como adrenalina e cortisol, além de noradrenalina — que atua tanto como hormônio quanto como neurotransmissor — que aumentam as frequências cardíaca e respiratória, o fluxo sanguíneo e a pressão sanguínea. Esses hormônios também aguçam nossos sentidos, dando-nos uma maior consciência do que nos rodeia.

A liberação desses hormônios é rigidamente regulada pelo **hipotálamo**, uma pequena região do cérebro responsável pela regulação térmica, sexualidade, combatividade, fome, sede, prazer, raiva, incluindo a regulação da resposta ao estresse, monitorando os níveis de hormônios no sangue e ajustando sua liberação no nosso organismo. Após o fim do evento estressor, o hipotálamo envia sinais à medula adrenal, localizada na parte superior dos rins, para reduzir a produção e a liberação de adrenalina e cortisol, permitindo que o corpo retorne a um estado de homeostase.

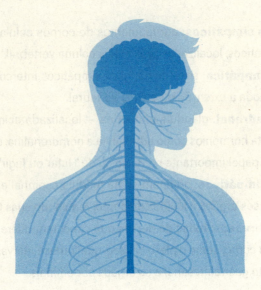

No geral, o hipotálamo e a medula adrenal trabalham juntos em um ciclo de feedback, regulando a resposta ao estresse e ajudando o corpo a responder a ameaças e estressores.

Alterações no fluxo sanguíneo: o sangue é redirecionado para os músculos proporcionando energia e força para responder à ameaça, considerando-se ainda a quebra de glicogênio e a liberação de glicose e de ácidos graxos, que podem ser usados pelas células na produção de energia. Órgãos não vitais deixam de ser prioridade. Um exemplo disso é que a adrenalina liberada inibe a função gastrointestinal, fazendo com que o intestino receba menos sangue.

Respiração: a respiração se acelera, fornecendo mais oxigênio ao corpo. Os bronquíolos se dilatam, aumentando a concentração de oxigênio no sangue, essencial para alimentar os músculos.

Frequência cardíaca: uma frequência cardíaca elevada ajuda a bombear o sangue mais rapidamente para os músculos, preparando-nos para responder à ameaça.

Alterações psicológicas: o medo também pode causar mudanças psicológicas, como aumento da ansiedade, preocupação e vigilância.

Essas reações podem persistir por um longo tempo, mesmo após o fim do evento que provocou o medo. Em contraste ao sistema simpático, que atua como sistema de alerta, o sistema nervoso parassimpático, frequentemente chamado de sistema de "descanso e digestão", reduz a frequência cardíaca, aumenta o fluxo sanguíneo para o intestino e relaxa o corpo.

Os sistemas simpático e parassimpático trabalham juntos para manter o equilíbrio — ou a homeostase — no corpo humano. Em condições normais, ambos os sistemas estão equilibrados. No entanto, quando o corpo enfrenta estresse ou perigo, o sistema nervoso simpático assume o comando para prepará-lo para a ação.

> **O contexto em que experimentamos o medo desempenha um papel fundamental na forma como o percebemos e respondemos a ele. Nossa percepção de uma situação pode influenciar muito nossa resposta emocional e fisiológica.**

Além disso, o papel deste contexto e da nossa percepção dele também podem afetar a maneira como experimentamos o medo em longo prazo. Por exemplo, se uma pessoa vivencia um evento traumático em um determinado ambiente, pode desenvolver uma fobia ou um medo irracional desse lugar ou situação.

Para encerrar este importante capítulo, deixo aqui uma provocação/reflexão que fiz a partir desses estudos e que está funcionando para mim no dia a dia:

Não podemos controlar a fisiologia ou tudo o que acontece involuntariamente em nosso corpo diante do medo e da ansiedade. No entanto, podemos nos antecipar e preparar nossa mente para modificar nossa percepção e, consequentemente, nossa resposta a esses estímulos. **Ao ressignificar essas "ameaças", compreendemos que todo o controle está em nossa própria mente**.

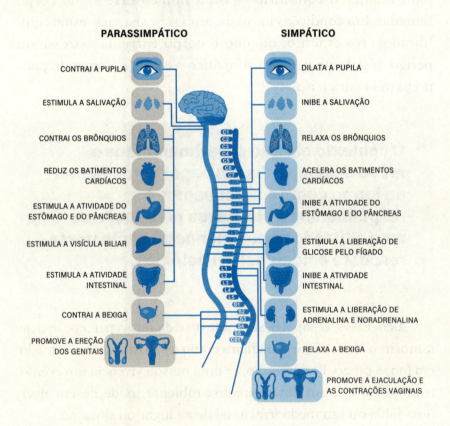

> **O contexto em que experimentamos o medo desempenha um papel fundamental na forma como o percebemos e respondemos a ele. Nossa percepção de uma situação pode influenciar significativamente nossa resposta emocional e fisiológica.**

Desenvolver a coragem de mudar nossa percepção do medo é um ato profundo de auto-domínio e consciência. Ao reinterpretar o medo não como um obstáculo, mas como um sinal de crescimento, aprendemos a controlar as reações involuntárias do corpo. A coragem é uma virtude que nos capacita a harmonizar mente e corpo, permitindo uma resposta mais consciente e equilibrada diante dos desafios.

5

COMO O MEDO NOS IMPACTA DESDE OS PRIMÓRDIOS

Desde quando você imagina que sentimos medo?

Ele foi um elemento crucial para a sobrevivência diária de nossos antepassados, pois os alertava sobre possíveis perigos e os ajudava a se proteger em um ambiente cheio de incertezas. Quando confrontados com predadores ou outras ameaças, o medo desencadeava uma resposta instintiva de lutar ou fugir, garantindo sua segurança.

Além disso, o medo era útil para identificar e evitar situações arriscadas, como alimentos contaminados ou regiões com condições climáticas extremas. Aqueles que eram mais sensíveis ao medo e capazes de detectar potenciais ameaças tinham maior probabilidade de sobreviver e transmitir seus genes às gerações futuras.

Cito em seguida alguns exemplos práticos de como o medo contribuiu para a sobrevivência naquela época e sua relevância em nossa evolução como seres humanos.

Identificação de predadores: ao perceberem a presença de um predador, nossos ancestrais acionavam uma resposta automática de "lutar ou fugir", permitindo que escapassem ou se defendessem. O medo também ajudava a evitar lugares onde os predadores poderiam estar escondidos, como arbustos densos ou cavernas escuras.

Reconhecimento de alimentos perigosos: o medo era fundamental para reconhecer e evitar alimentos que pudessem ser venenosos ou estragados. O receio de experimentar novos alimentos tornava nossos antepassados mais cautelosos na escolha do que comer, incentivando-os a confiar em alimentos já testados e aprovados por outros membros do grupo.

A consciência dos perigos naturais: o medo na identificação e prevenção de ameaças como tempestades, terremotos ou incêndios. Esse instinto os tornava mais precavidos na escolha de abrigos e locais para acampar.

Reconhecer ameaças sociais: o medo facilitava a identificação de ameaças, ajudando a evitar conflitos com outros grupos ou com membros perigosos dentro do próprio grupo. O temor de exclusão ou punição incentivava comportamentos cooperativos e respeito às normas sociais.

Proteção da prole e da família: a preocupação com a sobrevivência dos filhos e familiares motivava os indivíduos a protegê-los. O medo de perder um filho ou toda a família estimulava atitudes protetoras, como selecionar abrigos seguros e adotar medidas para prevenir doenças e lesões.

Desenvolvimento de habilidades cognitivas: o medo impulsionava o reconhecimento e a memorização de padrões e situações arriscadas. Esse temor estimulava o aprendizado e a aquisição de novas competências, incluindo o uso de ferramentas e estratégias para lidar com situações perigosas.

Comunicação e colaboração: o medo aperfeiçoou a comunicação sobre ameaças iminentes e perigos, possibilitando a coordenação de esforços para defesa e sobrevivência em grupo. Além disso, incentivava a cooperação entre os membros do grupo, que se uniam nos momentos de perigo para proteger uns aos outros.

Resposta rápida a situações perigosas: o medo favorecia reações ágeis a situações de risco, como ataques ou quedas em abismos. A sensação de medo aumentava a capacidade de reação e tomada de decisões rápidas, potencialmente salvando vidas em diversas ocasiões.

Aprendizado e transmissão de conhecimento: o medo motivou o aprendizado com as experiências e passar esse conhecimento adiante para as gerações futuras. As experiências traumáticas vivenciadas por nossos antepassados ensinaram valiosas lições sobre sobreviver em ambientes perigosos e incertos, transmitindo esses ensinamentos ao longo das gerações.

Reconhecimento de territórios seguros: o medo auxiliou na identificação e recordação de áreas seguras livres de perigo, como acampamentos ou fontes de água potável. Isso possibilitava que se deslocassem com segurança pelo ambiente, evitando regiões perigosas.

Prevenção de acidentes e lesões: o receio motivou a tomada de medidas preventivas para evitar acidentes e lesões, como evitar áreas escorregadias ou rochosas. O temor de uma lesão grave ou incapacitante poderia fazer a diferença entre a vida e a morte em um ambiente perigoso e com recursos limitados.

Proteção contra infecções e doenças: o medo incentivou que nossos antepassados adotassem práticas de higiene e evitassem áreas com alto risco de infecções e doenças. O receio de uma enfermidade grave ou fatal estimulou comportamentos preventivos, como o uso de ervas medicinais ou a prática do isolamento.

Conservação de recursos: o medo impulsionou nossos ancestrais a conservar recursos, como alimentos e água, em momentos de escassez. O temor da fome e da sede encorajou atitudes conservacionistas e o compartilhamento equitativo dos recursos, permitindo que os grupos sobrevivessem por mais tempo em situações desafiadoras.

Desenvolvimento de estratégias de caça: o medo também motivou o desenvolvimento de estratégias de caça mais eficazes. O receio da fome estimulou a busca por novas fontes alimentares, incluindo animais mais perigosos e difíceis de caçar, resultando no aprimoramento de habilidades e táticas de caça.

Reconhecimento de sinais de perigo: o medo auxiliava na identificação de indícios que alertavam sobre possíveis ameaças, como mudanças no comportamento dos animais ou variações climáticas. Esse sentimento incentivava a observação atenta do ambiente, possibilitando a antecipação e a prevenção de riscos.

Estabelecimento de rituais e crenças: além disso, o medo impulsionava nossos ancestrais a criarem rituais e crenças que proporcionavam uma sensação de controle e segurança em um mundo perigoso e instável. O receio da morte e do desconhecido estimulava a busca por significado e propósito, resultando no desenvolvimento de sistemas de crenças e práticas religiosas.

Fortalecimento dos laços sociais: o medo estimulava nossos ancestrais a construírem laços sociais sólidos e acolhedores. O receio da solidão e do abandono promovia a formação de vínculos familiares e sociais, garantindo que os indivíduos se sentissem seguros e protegidos em um ambiente hostil.

Contribuição para a evolução cerebral: o medo também teve papel fundamental na evolução do cérebro humano, desempenhando um papel essencial no desenvolvimento de áreas cerebrais responsáveis por identificar ameaças e pela tomada de decisões rápidas e precisas em momentos de tensão.

Além disso, o medo foi transmitido ao longo das gerações como parte da cultura, possibilitando que as comunidades evitassem perigos conhecidos e compartilhassem estratégias eficazes para sobreviver. Por meio de histórias e lendas, o medo de predadores ou situações perigosas era transmitido às novas gerações permitindo que os grupos compartilhassem saberes e informações valiosas para a sobrevivência.

Dependendo da sua geração, você deve facilmente se lembrar de alguma história contada por seus avós sobre o medo para moldar algum comportamento ou evitar determinada situação.

Eu me lembrei de algumas: "Não aponte o dedo para a estrela ou nascerá uma verruga", "Não pode comer manga com leite, pois isso pode ser fatal", "Não entre na água depois de comer ou terá uma congestão".

Ao compreendermos como o medo nos impacta desde os primórdios, percebemos que ele não é um inimigo a ser eliminado, mas uma parte intrínseca da nossa essência humana. Não precisamos permitir que ele determine nosso caminho, mas também não devemos lutar contra ele o tempo todo. Podemos encontrar um meio-termo, um espaço onde o medo seja apenas mais um elemento a ser considerado, não um obstáculo intransponível.

Reconhecer essa herança ancestral nos convida a respeitar nossas emoções, a entender que o medo já salvou inúmeras vidas. Hoje ele ainda tenta, mesmo que de forma desajeitada, nos manter seguros. Com essa perspectiva, torna-se mais fácil olhar para o futuro e dizer: "Sinto medo, mas tudo bem. Vou usá-lo como um lembrete para estar atento, sem permitir que ele roube a cena e me impeça de crescer, criar e transformar".

"

Seja você o protagonista da mudança de comportamento que deseja do outro.

Ao abraçarmos a coragem, nos tornamos participantes ativos na criação de nossas próprias histórias. Ela nos impulsiona a atravessar fronteiras, desbravar territórios desconhecidos e abraçar o desconforto do crescimento pessoal. A coragem nos leva além do conformismo e nos permite experimentar a vida em sua plenitude.

6
ENFIM, O MEDO É UM ALIADO OU UM INIMIGO?

Me diga, na sua opinião, o medo é um aliado ou um inimigo? Em uma conversa com minha esposa, uma pessoa absolutamente avessa a riscos, questionei certa vez se o medo era para ela um aliado ou um inimigo e prontamente ela respondeu que a resposta era óbvia. Será que é tão óbvia assim? Essa dúvida vale um capítulo!

O medo é um fenômeno complexo e pode ser tanto um aliado quanto um inimigo para o ser humano, dependendo das circunstâncias e do contexto em que é experimentado.

Como já vimos nos capítulos anteriores, em situações de perigo iminente, o medo gera uma resposta natural e adaptativa que prepara nosso organismo para lidar com a ameaça. Ele desencadeia uma série de reações fisiológicas, que permitem uma resposta rápida e eficaz em emergências. Nesses casos, o medo é um aliado, pois contribui para garantir nossa sobrevivência e segurança. E você? Certamente deve ter se lembrado de alguma situação em que experimentou essa reação ao medo. No entanto, em momentos de estresse crônico ou intenso, o medo pode se transformar em um adversário. Quando persistente, pode resultar em sintomas como nervosismo, fobia e transtorno de estresse pós-traumático, afetando o bem-estar e a qualidade

ENFIM, O MEDO É UM ALIADO OU UM INIMIGO?

de vida. Nessas circunstâncias, o medo pode levar a uma sensação de paralisia, dificultando nossa capacidade de agirmos eficazmente para lidar com a situação.

Além disso, o medo também pode ser desencadeado por estímulos falsos ou exagerados, como medos irracionais ou fobias. Nesses casos, ele interfere no funcionamento normal do dia a dia, prejudicando significativamente a qualidade de vida. Aqui estão vinte exemplos práticos em que o medo pode ser um inimigo, impactando negativamente sua vida, caso você não desenvolva percepção e autocontrole sobre ele.

Essa é a maior missão deste livro, pois não vamos eliminar o medo das nossas vidas. No entanto, ao desenvolvermos autoconsciência e controle sobre ele automaticamente estamos desenvolvendo nossa coragem. Temos, portanto, inúmeros motivos e exemplos para que você inicie um **movimento de entendimento e mudança**, caso se identifique com uma ou mais situações desencadeadas pelo medo:

1. **Causar estresse e ansiedade excessivos:** o medo pode gerar altos níveis de estresse e ansiedade, levando a problemas de saúde mental e física.

2. **Bloquear o pensamento racional:** o medo pode prejudicar sua capacidade de raciocinar com clareza, impedindo decisões objetivas e lógicas.

3. **Impedir a ação:** o medo pode fazer com que você hesite e perca oportunidades, resultando em arrependimentos.

4. **Limitar as experiências de vida:** o medo pode restringir suas experiências, impedindo que você se arrisque, descubra o novo e evolua.

5. **Fomentar o preconceito:** o medo pode levar à criação de estereótipos e julgamentos precipitados sobre outras pessoas com base em sua aparência, origem ou cultura.

6. **Promover a intolerância:** o medo pode gerar resistência à diversidade e impedir a abertura para novas perspectivas culturais e sociais.

7. **Induzir comportamentos prejudiciais:** o medo pode levar você a adotar comportamentos nocivos, como o uso de substâncias prejudiciais ou a prática de ações arriscadas.

8. **Desenvolver traumas:** o medo pode causar traumas emocionais e psicológicos, que podem afetar você por toda a vida.

9. **Estimular a violência:** o medo pode induzir comportamentos violentos, levando a pessoa a se sentir ameaçada e a agir de forma agressiva para se defender.

10. **Gerar isolamento social:** o medo pode levar ao isolamento, impedindo que você se conecte com outras pessoas e desenvolva relacionamentos saudáveis e significativos.

11. **Provocar paralisia emocional:** o medo pode resultar em paralisia emocional, impedindo você de expressar suas emoções e de se conectar com os outros de forma autêntica.

12. **Aumentar a suscetibilidade a ataques de pânico:** o medo pode tornar a pessoa mais propensa a ataques de pânico, que podem ser debilitantes e difíceis de controlar.

13. **Causar insônia:** o medo pode provocar insônia e perturbar o sono, levando a problemas de saúde física e mental.

14. **Fomentar comportamentos obsessivos:** o medo pode desencadear comportamentos compulsivos, como lavar as mãos excessivamente ou verificar repetidamente se as portas estão trancadas, comprometendo a qualidade de vida.

15. **Gerar problemas de saúde física:** o medo pode provocar sintomas físicos, como dor de cabeça, dor no peito, tensão muscular e fadiga crônica.

16. **Desencadear problemas de saúde mental:** o medo pode contribuir para o desenvolvimento de transtornos de ansiedade, transtornos de humor e transtornos alimentares.

17. **Impedir o crescimento pessoal:** o medo pode limitar seu crescimento pessoal, dificultando a conquista de objetivos e a realização de sonhos.

18. **Gerar sentimento de impotência:** o medo pode provocar uma sensação de impotência e falta de controle, o que afeta a autoestima e a autoconfiança.

19. **Prejudicar relacionamentos interpessoais:** o medo pode comprometer seus relacionamentos, dificultando a comunicação e a conexão saudável com outras pessoas.

20. **Levar à procrastinação:** o medo pode levar à procrastinação, fazendo com que você adie tarefas e responsabilidades importantes, impactando sua vida pessoal e profissional.

Portanto, é fundamental termos a **coragem** de identificar e lidar com o medo de forma equilibrada e adaptativa. Acima de tudo, devemos ter a **coragem de agir apesar do medo**, desenvolvendo a capacidade de enfrentá-lo e superá-lo.

E é exatamente isso que faremos juntos nos próximos capítulos. Mas antes cabe aqui um importante exercício individual essencial: refletir, reconhecer e anotar (sim, eu disse anotar, e é para anotar mesmo, pois faz parte do processo de aprendizagem e mudança. Depois você vai entender e me agradecer). Utilizando a numeração da lista anterior, descreva alguma situação cotidiana que esteja associada a algum dos itens enumerados. **Coragem** para este Passo do Gigante!

Nº	Busque pensar em situações que te impactaram, impactam, incomodam, limitam ou prejudicam, auxiliado, mas não restrito, à lista de situações desencadeadas pelo medo de 1 a 20.

> *Não fracassamos quando falhamos, pois podemos aprender com as derrotas e voltarmos melhores, tentando novamente mais preparados, maduros e com maiores chances de vencer. Fracassamos apenas quando desistimos.*

Busquemos a coragem em cada momento de nossas vidas. Que ela seja o farol que ilumina nossos passos enquanto navegamos pelos mares turbulentos da existência. Que tenhamos a coragem de enfrentar nossos medos, desafiar nossas limitações e trilhar o caminho da autenticidade, pois é na coragem que encontramos a verdadeira essência da jornada humana: a busca incessante pela superação e realização de nosso potencial mais profundo.

7
A CORAGEM PARA FALAR EM PÚBLICO

Você se lembra de quando era criança e ficava nervoso só de pensar em apresentar um trabalho na frente da turma? Aquela sensação de frio na barriga, as mãos suando, o coração acelerado... Talvez hoje isso ainda aconteça quando você precisa se dirigir à equipe na empresa ou contar uma história para um grupo de amigos. O medo de falar em público é real e compreensível, mas a boa notícia é que não é um dom reservado a poucos; é uma habilidade que qualquer pessoa pode desenvolver. **Ao dominar essa capacidade, você ganha um passaporte para oportunidades, crescimento profissional e pessoal, tornando-se menos plateia e mais ator principal da própria vida**.

Eu mesmo — como mencionei no início do livro — sinto esse medo, mas aprendi a superá-lo e a brilhar nos palcos apesar dele. Também já presenciei casos de pessoas que, em palcos muito menores, "congelaram" diante de uma pequena plateia, precisando ser substituídas por um colega. Esse pânico é mais comum do que parece, e muitas carreiras deixam de decolar por falta de coragem de encarar o público. Mas, acredite, falar em público não é uma dádiva para poucos iluminados; é uma habilidade que se aprende e aprimora com o tempo. **Os profissionais mais**

PASSO DO GIGANTE

bem remunerados e reconhecidos geralmente têm em comum a capacidade de se comunicar com eficácia, tanto presencial quanto digitalmente.

Superar a vergonha inicial, aquele medo do julgamento e da aceitação dos outros, não é simples. Mas lembre-se: sua mensagem e o impacto positivo que ela pode ter na vida de alguém são muito mais importantes do que a opinião dos outros sobre você. Além disso, só há um caminho para evoluir: fazendo. Assim como a esteticista que me atendeu certa vez — ela sonhava em gravar vídeos para a internet, mas travava. Após uma breve conversa, gravamos um vídeo simples, meio desajeitado. E foi ótimo, porque foi o primeiro. O segundo já saiu melhor, o terceiro melhor ainda, e um dia você verá seu primeiro trabalho com um sorriso e pensará: *Como evoluí!*.

Também me recordo do primeiro episódio do *Café com Segurança* que transmitimos no CT Hub (o maior hub de segurança e tecnologia da América Latina). Hoje, com mais de 538 episódios no ar, olhar para aquele início é até engraçado, mas sem aquele passo, não teríamos evoluído e chegado ao formato atual. É preciso dar o primeiro passo, mesmo com vergonha, para ganhar confiança e refinar sua performance ao longo do caminho.

Para ajudar você nessa trajetória, reuni algumas dicas práticas que me ajudaram a superar meu próprio medo de falar em público e que podem impulsionar sua confiança e segurança, seja para falar para meia dúzia de colegas, em um evento para centenas de pessoas ou até no palco de um grande congresso para milhares de espectadores. Mesmo se você já se considera um ótimo orador, sempre vale a pena revisar alguns pontos, pois aprender é um processo contínuo.

A CORAGEM PARA FALAR EM PÚBLICO

1. **Prepare-se:**

Escolha um tópico que você domine ou pesquise até sentir segurança. Estruture sua fala com início, meio e fim. Pratique em voz alta, grave-se em vídeo com seu próprio celular e peça a opinião sincera de quem você confia. Quanto mais preparado você estiver, menor será o espaço para a ansiedade tomar conta.

2. **Pratique, pratique, pratique:**

Treine em voz alta, na frente do espelho, para um amigo ou um familiar. A prática gera familiaridade com o conteúdo e com a própria voz. Quanto mais você ensaia, mais natural e segura a apresentação se torna.

3. **Concentre-se no seu público, não em você:**

As pessoas não estão ali para julgar seus defeitos, mas para ouvir algo útil e relevante. Foque em transmitir valor, tornar a mensagem clara e relevante. Quando você muda o centro das atenções do "eu" para o "eles", a ansiedade tende a diminuir naturalmente.

4. **Respire fundo:**

Antes de subir ao palco, faça algumas respirações profundas. Isso ajuda a acalmar o corpo e a mente, reduzindo os sinais físicos do nervosismo, como mãos trêmulas e coração acelerado. No mergulho, para um melhor aproveitamento da experiência e para reduzir a ansiedade, há uma regra básica mundial: **respire lenta e profundamente**. A respiração, que por si só é um ato inconsciente, quando realizada de modo consciente, torna-se a base para a meditação.

5. **Visualize o sucesso:**

Imagine-se fazendo uma ótima apresentação, conquistando a atenção das pessoas e recebendo olhares de aprovação. Essa visualização positiva prepara sua mente para enxergar o desafio com mais leveza.

6. Use recursos audiovisuais com moderação:

Slides, gráficos, imagens ou vídeos podem ajudar a ilustrar pontos complexos e prender a atenção, mas não se esconda atrás deles. Você é o protagonista da mensagem — o recurso é apenas um apoio.

7. Humor na medida certa:

Uma piada ou comentário leve, bem colocado, pode quebrar o gelo e aproximar o público de você. Mas cuidado: conheça sua audiência e seja respeitoso. O humor deve complementar a apresentação, não desviar o foco do conteúdo.

8. Abrace seus nervos:

O frio na barriga é sinal de que você se importa com aquele momento. Em vez de lutar contra a ansiedade, encare-a como energia extra, um combustível para manter você alerta e engajado.

9. Busque feedback:

Depois da apresentação, peça a opinião de pessoas confiáveis. Ouça com a mente aberta, filtre as sugestões e incorpore melhorias. Cada feedback é uma oportunidade de crescimento.

10. Aprenda com os erros:

Se algo der errado, tudo bem. Faz parte do processo. A plateia não assistiu ao seu ensaio e, muitas vezes, nem percebe suas falhas. E mesmo que perceba, você aprende e melhora para a próxima vez. A perfeição não é a meta; a evolução constante, sim.

No fim, não existe um botão mágico para eliminar o medo. **Existe, sim, a decisão de encarar esse desafio, porque o que você tem a dizer pode transformar a vida de alguém ou impulsionar sua própria jornada de sucesso.** Ao praticar, aperfeiçoar sua técnica, aprender com os erros e abraçar a vulnerabilidade, você descobrirá que a coragem de falar em público não apenas liberta a sua voz, mas também desbloqueia um potencial que você nem imaginava ter.

> **É hora de sair da plateia, subir no palco da vida e se tornar o protagonista da sua própria história. Acredite: sua mensagem importa, e o mundo precisa ouvi-la.**

" Sua mensagem e o impacto positivo que ela pode ter na vida de alguém são muito mais importantes do que o julgamento dos outros.

Demonstrar a coragem de falar em público é expor a própria voz ao juízo coletivo, ultrapassando os limites do desconforto. Ao articular ideias diante de olhares atentos, assumimos o risco de sermos incompreendidos ou questionados, mas também criamos a oportunidade de impactar positivamente mentes e corações. Mais do que vencer a timidez, é uma virtude que expressa confiança no próprio conhecimento e na capacidade humana de dialogar, inspirar e transformar o mundo por meio da palavra.

8
A CORAGEM PARA LIDERAR

Você já sentiu o peso de ter que tomar uma decisão importante enquanto todos à sua volta esperam uma resposta? Já se viu diante de uma equipe que busca em você clareza e direção, e que, no fundo, precisa do consolo de saber que alguém vai guiá-los na tempestade? Liderar é um desafio intenso e, muitas vezes, solitário. **E é justamente nos momentos de incerteza, quando as perguntas não têm respostas fáceis, que a coragem de liderar emerge como um farol**.

A coragem de liderar não significa nunca sentir medo. Significa reconhecer que sentir medo, dúvida ou insegurança faz parte do processo, mas não pode nos paralisar. Um líder corajoso aceita sua humanidade: sabe que não tem todas as respostas, nem uma fórmula mágica para cada crise. Ainda assim, segue em frente, apoiado em valores, integridade e na vontade genuína de servir ao grupo que o acompanha.

Pode parecer estranho falar em "servir" quando o assunto é liderança, mas é exatamente aí que mora a coragem. Liderar não é dominar, impor ou controlar. É assumir a responsabilidade de cuidar do ambiente ao redor, pavimentar o caminho para que outros possam dar o seu melhor, crescer e criar. É ter a humildade de ouvir mais do que falar, valorizar ideias vindas de toda a equipe e reconhecer quando alguém sabe mais do que você sobre determinado assunto. **Isso requer coragem, pois também significa estar disposto a abrir mão da vaidade, do ego, do desejo de ser o centro das atenções**.

Ser líder corajoso é olhar para cada pessoa do time e enxergar um potencial ainda não totalmente explorado. É confiar recursos, projetos e decisões na mão de quem ainda está aprendendo, apostando no desenvolvimento dessas pessoas. É dar suporte quando algo sai dos trilhos, compartilhar o crédito nas vitórias e assumir a linha de frente se as coisas não derem certo. **Essa coragem se revela especialmente nos momentos de crise, quando a equipe precisa de uma voz firme e tranquila dizendo: _Vamos encontrar um jeito de resolver isso juntos._**

E, acredite, não faltam situações em que essa coragem é testada. Às vezes, você terá que tomar uma decisão impopular, optar por um caminho diferente daquele que a maioria queria, sabendo que, no curto prazo, isso pode gerar desconforto ou resistência. **Em outros momentos, será preciso lidar com erros e fracassos — os seus e os do grupo — mantendo o olhar no aprendizado e não na culpa.** A coragem de liderar é o que mantém você firme, mesmo quando o cenário parece desfavorável.

Houve uma ocasião, em uma viagem de mergulho na Ilha Grande, em que uma parte do grupo me pediu para fazer um mergulho noturno. Após todas as checagens de segurança, orientações, escolhas das duplas, seguimos para o ponto de mergulho. Como _dive master_, fui o responsável pela navegação e condução de todos.

Após um início de descida um pouco conturbado, devido a uma aluna novata no avançado, que teve problemas com o lastro e sua flutuabilidade (que são disciplinas básicas), passei a dar muita atenção a ela, já que sua própria dupla estava mais preocupada em encontrar cavalos-marinhos para fotografar do que em auxiliar sua parceira.

A questão é que, com esse desvio de atenção, perdi o foco e negligenciei a navegação. Eu mesmo me vi desorientado no retorno, debaixo d´água, no mar à noite conduzindo um grupo heterogêneo de mergulhadores já com seus suprimentos de ar abaixo da metade.

Eu era recém-formado como *dive master* (que é o primeiro degrau profissional no mergulho recreacional), mas, apesar da pouca experiência, tinha estudado e treinado emergências para estar ali, preparado para situações que agora eram colocadas à prova na condição de líder do grupo.

Pare, pense e aja! Este é um lema que aprendemos no mergulho desde o curso básico e que deve ser aplicado nessa ordem. Caso contrário, ao agir de forma instintiva, você pode colocar a si mesmo, sua dupla e todo o grupo em risco. Levo esse princípio para as empresas que lidero, mentoro ou que participo nos conselhos.

Sem alardear, sem demonstrar ao grupo que me seguia que eu estava momentaneamente desorientado, controlei minha respiração, pedi por sinais que a mergulhadora acompanhasse uma dupla logo atrás de mim, e fui conduzindo o grupo sutilmente para a profundidade de cinco metros, onde realizamos a "parada de segurança", mas nos movimentando para que não percebessem nada de anormal.

Após três minutos na profundidade mais rasa, sem que percebessem na escuridão do mar noturno, desviei a atenção deles para um ponto com a lanterna e subi rapidamente para a superfície. Avistando o ponto de retorno, reposicionei minha bússola e desci novamente, levando-os de volta por baixo d´água em segurança.

Na superfície, retornando para a pousada, todos me agradeceram pelo excelente mergulho, pela incrível experiência, pela condução do grupo. Apenas um mergulhador mais experiente me questionou por que não emergimos mais próximos do ponto de chegada. Fui honesto em dizer que eu precisava, ainda que na condição de líder, confirmar a direção da volta, para não colocar o grupo em risco. Admiti que fiquei inseguro, que não tinha certeza e preferi engolir o ego em vez de colocar o grupo em risco.

Liderar também é ter a coragem de mostrar que você é humano. Isso significa ter conversas sinceras, admitir falhas e pedir desculpas quando necessário. Significa reconhecer que também se frustra, se cansa e, por vezes, não sabe exatamente o que fazer. Essa vulnerabilidade não diminui a sua autoridade. Pelo contrário, cria conexão. **As pessoas respeitam líderes que não se escondem atrás de máscaras de perfeição. Um líder que demonstra respeito, empatia e honestidade inspira confiança, e confiança é o combustível que move um time em direção a objetivos maiores.**

A coragem de liderar também implica questionar o *status quo*. Nem sempre o caminho consolidado é o melhor. Ter coragem, nesse caso, é propor novas formas de trabalhar, incentivar soluções criativas, debater ideias sem medo de contrariar as velhas fórmulas. É assim que nascem as inovações, as melhorias contínuas, os saltos de qualidade. É preciso arriscar, mudar de rota, ousar dizer "Vamos tentar diferente".

E quando a pressão aumenta? Quando todos esperam que você não falhe, não vacile, e não se desespere? Respire fundo, reconheça seus limites e saiba pedir ajuda. Líderes corajosos não tentam carregar o mundo sozinhos; eles dividem o peso. **Permitem que sua equipe brilhe, que cada um contribua com sua força, talento e criatividade.** Ao envolver todos, você não

PASSO DO GIGANTE

apenas reduz a tensão sobre si mesmo, mas constrói um ambiente de cooperação, aprendizado mútuo e realização compartilhada.

A coragem de liderar é um compromisso permanente com o crescimento pessoal e coletivo. O líder corajoso sabe que, para inspirar, precisa continuar aprendendo, evoluindo e revisitando suas crenças. **Não há linha de chegada quando o assunto é liderança; cada desafio é um convite para desenvolver novas habilidades, lapidar o caráter, compreender melhor as pessoas e o contexto em que se está inserido.**

Então, quando você se perguntar: "Será que tenho coragem de liderar?", pense além de títulos, cargos e hierarquias. **Liderar é servir ao outro, assumir responsabilidades, arriscar-se a errar e, ainda assim, manter-se firme no propósito.** A coragem está em colocar-se a serviço de um bem maior, confiar nas pessoas e acreditar que, juntos, vocês podem alcançar resultados extraordinários. É nessa jornada, cheia de incertezas e oportunidades, que a sua coragem de liderar vai fazer toda a diferença.

Não me lembro exatamente quando manifestei minhas primeiras atitudes de liderança, e certamente não foi na escola, já que entrei na primeira série do primeiro grau aos 5 anos de idade, após as provas da Secretaria de Educação e liberação no Diário Oficial do Estado de SP, e com meus colegas mais novos com, no mínimo, dois anos a mais que eu. Eu era o caçula, o primeiro da fila, o "pirralho" e tive que me virar e ser o melhor em várias disciplinas — não apenas para não ficar para trás, mas também para evitar o *bullying*. Ao ingressar na faculdade de engenharia aos 16 anos, trabalhando e contratando meu primeiro funcionário (um amigo e vizinho) certamente já demonstrava exemplos de liderança que, na época, eu ainda não sabia identificar.

Ser um líder requer uma **coragem** que vai além de simplesmente assumir riscos e tomar decisões difíceis. Liderar é, acima de tudo, uma jornada constante de enfrentar desafios, mesmo diante da incerteza e do medo.

A verdadeira coragem na liderança se manifesta na capacidade de assumir total responsabilidade pelos resultados, sejam eles de sucesso ou fracasso. Isso implica defender suas convicções com firmeza e integridade, mesmo quando confrontado com oposição ou adversidades, sendo uma fonte de inspiração e orientação para aqueles que o seguem.

E aqui não estamos tratando apenas de liderança profissional. Podemos ser líderes em nossa casa, na família, na comunidade, no condomínio, no clube, no bairro, no esporte ou em qualquer atividade coletiva. O líder inspira e orienta, conduzindo seus liderados.

A coragem na liderança também se evidencia na habilidade de **reconhecer e admitir erros, pedir desculpas genuínas e buscar soluções.** Esse ato de vulnerabilidade, ao ser transparente, abre espaço para críticas, mas também fortalece a confiança e autenticidade. É a coragem de ser humano — reconhecer falhas e aprender com elas — que solidifica a confiança da equipe.

Um líder corajoso é aquele que não teme sair da zona de conforto, que eu particularmente gosto de chamar de zona de conformismo. Abrir-se para novas ideias e perspectivas é essencial para a inovação e o crescimento. Isso envolve estar disposto a assumir riscos calculados e ter a capacidade de se adaptar e prosperar diante das constantes mudanças. Requer uma mente aberta e coragem para desafiar o *status quo* em busca de melhorias contínuas.

Delegar funções e obrigações é um ponto crucial da liderança corajosa. Isso não apenas demonstra confiança na equipe, mas também revela a coragem de ceder o controle e permitir que outros se destaquem e assumam papéis de liderança. Essa confiança mútua fortalece a coesão e a eficácia do time.

PASSO DO GIGANTE

Mas lembre-se: **"Delegar é diferente de delargar"** como bem destaca Christian Barbosa, especialista em produtividade e gestão do tempo. Quando você delarga, simplesmente transfere tarefas a alguém, mas se exime de acompanhar, orientar ou estabelecer critérios de responsabilidade. Isso costuma gerar conflitos, desencontros e retrabalho, já que a pessoa encarregada não recebe suporte nem clareza dos objetivos. Já delegar implica definir expectativas, oferecer suporte e garantir que haja alinhamento sobre o que precisa ser entregue, quando e como. Não se trata de abandonar a tarefa, mas de empoderar progresso para reduzir erros e promover aprendizado. Delegar, portanto, é uma prática ativa que exige cuidado, comunicação clara e compromisso com a evolução de toda a equipe.

Além disso, ser um líder corajoso significa ser fiel a si mesmo e aos seus valores. É ter a coragem de fazer o que é correto, mesmo quando o caminho é árduo e solitário. Envolve a determinação de levar uma visão até sua conclusão, inspirando e orientando os outros com confiança. Um líder corajoso é aquele que, com determinação e paixão, constrói um legado baseado em integridade, inovação e sucesso compartilhado.

A coragem na liderança também inclui lidar com o desconhecido com resiliência e determinação. Em um mundo em constante mudança, onde as incertezas são frequentes, os líderes precisam estar prontos para navegar por mares turbulentos e imprevisíveis. Isso requer uma mentalidade resiliente e adaptável capaz de transformar desafios em oportunidades. A verdadeira coragem está na disposição de aprender e crescer, mesmo diante de obstáculos aparentemente intransponíveis.

Outro aspecto essencial da coragem na liderança é a empatia. Um líder empático compreende e valoriza as experiências e perspectivas de sua equipe.

A CORAGEM PARA LIDERAR

Isso exige abertura para ouvir ativamente e responder com compaixão e compreensão. A empatia reforça a ligação entre o líder e sua equipe, fomentando um ambiente de trabalho colaborativo e solidário. A coragem de ser empático é frequentemente subestimada, no entanto é crucial para construir laços de confiança e respeito mútuo.

A coragem também se revela na habilidade de tomar decisões impopulares quando necessário. Muitas vezes, **um líder deve fazer escolhas difíceis que podem não agradar a todos**, mas que são fundamentais para o bem maior da organização ou equipe. Isso requer um sólido senso de propósito e a convicção de que essas decisões são as mais adequadas a longo prazo. Ter coragem para tomar tais decisões é um teste de integridade e comprometimento com os objetivos e valores da liderança.

Ter coragem como líder envolve também inspirar e motivar os outros, mesmo nos momentos mais desafiadores. Um líder destemido é uma fonte de esperança e determinação, capaz de elevar o ânimo da equipe e incentivar um espírito perseverante. Inspirar os demais é um ato generoso e visionário, que transcende metas individuais para abraçar um propósito coletivo.

A liderança corajosa também requer uma visão clara e a capacidade de comunicá-la eficazmente.

Um líder deve saber expressar um caminho a seguir que seja compreensível e inspirador para todos os membros da equipe. Exige clareza de pensamento, mas também a habilidade de transmitir essa visão de forma que ressoe com os outros e os encoraje a se unirem em torno de um objetivo compartilhado. A coragem de ser um líder tem suas raízes na autenticidade. Um líder autêntico é aquele que se mostra como realmente é, sem artifícios ou falsidades. Essa autenticidade gera confiança e respeito, pois a equipe enxerga o líder como alguém genuíno e confiável. Ser autêntico requer coragem para ser vulnerável, reconhecer fraquezas e imperfeições e compartilhar abertamente os desafios enfrentados.

E, para fechar este capítulo, preciso dizer que você pode seguir todas as dicas que dei, fazer integralmente a sua parte, mas ainda assim, em algum momento da sua jornada como líder, poderá se decepcionar com seus liderados. Eles podem não cumprir o combinado, podem afirmar hoje que estão ao seu lado e, no dia seguinte, agir de forma diferente. Podem trair sua confiança, tornarem-se concorrentes após alinharem algo diferente com você ou até saírem da empresa e processá-lo na Justiça do Trabalho com inúmeras inverdades. Isso aconteceu comigo mais de uma vez, em diferentes negócios. A coragem de reconhecer, assimilar o golpe, entendendo que são pessoas, avaliar possíveis falhas nos feedbacks, superar rapidamente e não desperdiçar energia com isso fará uma enorme diferença para você como líder. A chave está em repor a posição com atenção redobrada às competências comportamentais (*soft skills*). O bilionário empreendedor, escritor e mentor Flávio Augusto da Silva, no livro *Geração de Valor*, afirma que, na jornada, você não se torna um robô, mas a frustração não pode durar mais que cinco segundos. Ele destaca que um líder que não supera a frustração terá dificuldade em confiar novamente, criando um ciclo ainda mais prejudicial. No caso dele, ele mergulha de cabeça, acredita e confia. Se for traído, simplesmente coloca o traidor em outra prateleira, não se importa mais, segue em frente e escolhe acreditar no próximo.

Segundo ele, essa atitude o protege, pois a dor da traição é intensa. Ser um líder corajoso significa, essencialmente ser um agente de transformação impulsionado pela convicção de que o verdadeiro valor da liderança reside no legado de crescimento, confiança e sucesso compartilhado.

> **A verdadeira coragem na liderança se manifesta na capacidade de assumir total responsabilidade pelos resultados, seja em casos de sucesso ou fracasso.**

Demonstrar a coragem de liderar é assumir a responsabilidade de orientar outros por caminhos de incerteza, guiando ações e decisões com integridade e convicção. Ao colocar-se à frente, o líder põe seus ideais à prova, enfrentando pressões e desafios que testam seu caráter e coerência. Mais do que exercer autoridade, liderar é uma virtude que revela a capacidade humana de inspirar, servir e construir um legado baseado em valores elevados, promovendo a evolução coletiva e o bem comum.

9
A CORAGEM PARA ENFRENTAR O MEDO DA MORTE

O instante em que escrevo este capítulo é, ao mesmo tempo, desafiador e emocionante, pois fui diagnosticado com um câncer muito agressivo e aguardo os próximos exames para identificar se há ou não metástase e o grau de comprometimento dos ossos e órgãos. Somente então será possível agendar a cirurgia, inevitável e já indicada por três excelentes médicos como a primeira etapa do tratamento.

E aí você me pergunta: "Como você está, Kleber?" Minha resposta é sempre a mesma, com uma voz cheia de energia e positividade: "Estou ótimo! A cabeça está boa, a energia está boa e tenho mais um grande desafio pela frente, que faz parte da minha missão nesta jornada". Até comentei com amigos mais próximos que esse foi um sinal do universo para retomar e concluir este livro, que ficou por meses em segundo plano, diante das inúmeras atividades profissionais em que me engajei.

Alguns têm medo de me perguntar e procuram os parentes mais próximos, outros comentam com terceiros e tiram suas próprias conclusões. Há aqueles que, de fato, ajudam — com mensagens, exemplos de superação, boas vibrações e orações. Cada um reage à sua maneira, sem julgamento ou comparação. Cada qual no seu momento de vida e evolução, de entendimento e com seus próprios medos refletidos nesta situação. Alguns choram. Outros se chocam. Há quem se cale, temendo minha partida. Mas a verdade é que, neste momento da minha vida, apesar de ainda ser jovem, superei o medo da morte. Se essa for a vontade de Deus, está tudo certo, tudo bem, desde que eu faça a minha parte — e a farei sorrindo, transmitindo uma mensagem de paz e gratidão, com o sentimento de missão cumprida no coração. Ao mesmo tempo, se ELE entender que minha missão ainda está incompleta e me permitir trabalhar mais, impactar mais gente, excelente! Vamos para cima! Bora completar a jornada e dar exemplo de vida — um testemunho real daquilo em que acredito e pratico. Tudo faz sentido, tudo tem o seu porquê! Tudo tem um propósito!

Não que eu não tenha medo — sou humano e falível—, mas tenho tanta clareza de propósito e de vida que não me cabe questionar, não me cabe a posição de vítima, de coitadinho, nem me cabe lamentar. Resta-me aceitar e lutar, com todas as minhas forças, agir, ser protagonista deste momento. E posso fazer isso rindo ou chorando, alegre ou depressivo; a decisão é só minha. Decidi fazê-lo transbordando boas energias e boas vibrações de coração e alma.

> **"Não importa o que 'a vida' ou os outros façam com você, o que importa é o que você faz com o que fazem com você."**
>
> **"A dor é inevitável, o sofrimento é opcional."**

Quando meu falecido pai sofreu seu primeiro infarto, há trinta anos, minha mãe contou sobre sua reação e indignação no corredor do hospital. Ele expressou vários questionamentos, incluindo dúvidas sobre a existência de Deus: "Se Deus de fato existe, por que permitiu que isso acontecesse comigo?" Culpou o cigarro pela doença cardíaca (amassou o maço de cigarros e jogou-o no chão, como se o cigarro, e não ele próprio, fosse o responsável). Aquilo me marcou profundamente. Seria comum, e até natural, diante da notícia do câncer, que minha reação fosse de tristeza, choro e questionamentos como "Por que eu?". Seria esperado sentir raiva, medo da morte, gastar energia tentando encontrar respostas que não existem ou prever cenários futuros, sofrendo por antecipação com coisas que talvez nem aconteçam. No entanto, não é isso que sinto, nem manifesto no meu dia a dia. Inclusive, registrei essa experiência em um vídeo com milhares de visualizações e comentários, no qual compartilho a notícia e relato a retomada da conclusão deste livro.

Ao mesmo tempo sei, entendo e respeito que enfrentar uma situação como esta e encarar o medo da morte é um desafio comum para a maioria das pessoas. Esse medo é natural, está arraigado em nossa essência humana e, para muitos, representa o fim de tudo. No entanto, afirmo que é possível desenvolver a coragem para enfrentá-lo ao obter uma melhor compreensão do que significa a morte e ao encontrar sentido e propósito na vida — exatamente como aconteceu comigo.

Uma forma para enfrentarmos o medo da morte é explorar nossas próprias crenças e valores. Esse processo pode, de fato, ajudar a entender o que é realmente importante para você e qual legado deseja deixar quando partir. Quando você tem um forte senso de propósito e significado na vida, isso pode te proporcionar uma sensação de conforto e paz, mesmo diante da finitude, da nossa mortalidade.

Tive o privilégio de conhecer pessoalmente o professor, filósofo, palestrante e escritor Mario Sergio Cortella, e um dos

PASSO DO GIGANTE

livros dele que recomendo fortemente é o *Qual é a tua obra? Inquietações propositivas sobre gestão, liderança e ética.*

O professor nos convida a refletir sobre o impacto de nossas ações e a importância de deixarmos um legado positivo. Ele aborda temas como liderança, gestão e ética, propondo uma visão mais humanista e responsável sobre o trabalho e as relações interpessoais. Cortella utiliza uma linguagem acessível e cativante, repleta de exemplos e metáforas, para transmitir suas ideias de maneira envolvente.

A mensagem central do livro é a necessidade de encontrarmos sentido em nossas atividades diárias e de agirmos com responsabilidade e ética. Também enfatiza que o verdadeiro sucesso não está apenas nos resultados materiais, mas na capacidade de influenciarmos positivamente o mundo ao nosso redor. Ele nos desafia a refeltir sobre a "obra" que estamos construindo ao longo de nossas vidas e a nos comprometermos com um legado que contribua para um mundo mais justo e solidário.

Outro aspecto importante para enfrentarmos o medo da morte é entendermos que ela é uma parte natural da vida, algo que já sabemos desde crianças que acontecerá. Esse é o caminho natural, inegável, incontestável.

Quando iniciamos um trabalho de representação de indústrias israelenses para a segurança de empresas no Brasil, disse ao meu sócio que eu tinha uma única certeza na vida: "Que um dia eu iria morrer, só não sabia quando". E fazendo um paralelo com o negócio, afirmei que os concorrentes asiáticos chegariam com preços mais agressivos, e a dúvida era a mesma: "Só não sabia quando".

A questão aqui é que muitos de nós, apesar de sabermos que um dia partiremos, não queremos admitir essa possibilidade. Talvez você nunca tenha parado para pensar sobre isso, no sentido de não deixar pendências, não deixar de dizer a alguém "Eu te Amo", de dar um beijo, um abraço, de pedir perdão ou perdoar alguém com quem tenha tido alguma desavença, de ter conversas francas, abertas, sinceras, resolver e eliminar conflitos, finalizar o dia zerado, sem deixar para amanhã. Afinal a qualquer momento podemos partir ou ficar com aquele sentimento de débito que não será mais possível ser resolvido, gerando dor, arrependimento, remorso e tristeza.

Uma outra abordagem, para quem não deseja pensar que a morte poderá acontecer um dia, é focar em viver o momento presente e aproveitar ao máximo cada dia, dando uma sensação de controle sobre sua vida, seja sob o ponto de vista materialista ou existencialista.

Mas o que fez diferença no meu caso para me dar essa clareza tão profunda, tranquilidade e serenidade foi buscar respostas e educar-me sobre o sentido da vida e o que poderia acontecer após a minha morte. Quando entendi que ela é apenas uma transição, e não um fim, uma paz invadiu minha mente, corpo e alma, assim como me trouxe uma imensa responsabilidade sobre o que eu estou fazendo com os recursos que tenho neste **presente de Deus que é a vida hoje**, neste momento presente, o único sob o qual efetivamente podemos agir.

Não estou falando de respostas certas ou erradas, de religião A, B ou C, estou falando de fé, de acreditar em algo que responda às suas dúvidas, acalme sua mente, conforte seu coração, que te tranquilize nos momentos de angústia, te ampare nos momentos de desespero, acalme quando estiver sozinho com seus pensamentos ou a algo ou a quem possa agradecer pelas conquistas, louvar, orar, colaborar, compartilhar.

Tenho muito cuidado e responsabilidade ao entrar no mérito pessoal, mas se neste instante você está curioso sobre o que funcionou pra mim, digo que no meu momento de maior fraqueza na vida, quando quebrei nos negócios e pensei em desistir, o que me resgatou e mudou minha vida foi a **fé em Jesus** através das respostas que eu obtive da doutrina espírita, pelas obras do decodificador Allan Kardec, norteadas pelo amor e pela caridade, e que fizeram sentido lógico e acalmaram meu coração e mente, me dando força e esperança para recomeçar, entendimento sobre o porquê de cada desafio, clareza de propósito e do que virá na sequência, com evidências claras, isso depois de muitos e muitos anos de busca por respostas em várias religiões e procura por algo que fizesse realmente sentido para mim.

E, se para você é algo diferente que funciona, está tudo bem, tudo certo. Você não precisa mudar nem ser convencido de nada, fique firme, só peço que não julgue nem menospreze quem pensa diferente de você, seja por ignorância, preconceito ou alguma sensação de superioridade ou de detentor da verdade absoluta. Se for algo que esteja relacionado ao bem, ao amor ao próximo, à conexão com Deus, respeite, incentive, apoie, não tente impor a sua verdade, como sendo a única. Este é, infelizmente um erro comum que vejo no dia a dia, como uma disputa para saber quem está certo e quem está errado, como se isso existisse, enquanto somos influenciados na maioria das vezes por interpretações humanas, falíveis, dos dois lados.

E aí fica também minha sugestão para que você busque estudar na fonte, na raiz, nas obras clássicas originais, e tome muito cuidado com livros ou textos interpretados por humanos, desvirtuados com ou sem má intenção, traduzidos com duplo sentido, pois é comum que textos originais sejam alterados e replicados sob olhares, interpretações ou convicções pessoais.

Entretanto, só não recomendo, de coração, que você esteja sozinho, sem rumo, sem norte, sem sentido, destino ou propósito, uma vez que **uma pessoa sem fé é como um barco à deriva, sem destino, em alto-mar, enfrentando tempestades sem bússola nem farol.**

Que possamos, a cada passo, evoluir nesse caminho, ainda que seja um processo diário e cheio de desafios, mantendo o cuidado para não ter uma fé cega. Eu, Kleber, acredito que a fé deva se basear em fatos. Do contrário, podemos correr o risco de virar "seguidores de homens" tão imperfeitos quantos nós mesmos. Questionar a nossa fé não é sinal da falta dela, mas sim a forma como ela se fortalece.

Eu também estou aprendendo e ainda não tenho aquela fé inabalável ou a pretensão de encarar o medo da morte como as fontes hagiográficas relatam sobre Inácio Teóforo, também conhecido como Santo Inácio de Antioquia. No século II, sob o Império Romano, ele foi condenado por testemunhar Cristo, sendo lançado às feras no Coliseu de Roma — e o fez como um mártir, símbolo de coragem e fé cristã inabalável. Inácio suplicava aos irmãos de Roma que não interviessem a seu favor, dizendo: "Deixem-me ser a comida das feras, pelas quais me será dado saborear Deus. Eu sou o trigo de Deus. Tenho de ser triturado pelos dentes das feras, para tornar-me pão puro de Cristo".

Chico Xavier* — o famoso médium e filantropo brasileiro que, em sua trajetória, inspirou valores de empatia, solidariedade e fé na bondade humana — diante de uma forte turbulência durante uma viagem de avião em 1959 entre as cidades de Uberaba e Belo Horizonte, tomado pela atmosfera de pânico dos demais passageiros, temeu morrer e começou a gritar,

---

* Psicógrafo e filantropo brasileiro (1910-2002), autor de mais de 400 obras que tiveram toda a renda revertida a causas assistenciais. É reconhecido por sua atuação em prol da caridade, da solidariedade e da espiritualidade, influenciando incontáveis leitores e seguidores a adotarem posturas mais empáticas e generosas na vida cotidiana.

sendo repreendido e questionado por Emmanuel, seu mentor, sobre sua própria fé.

Assim como ele, confesso que também fraquejei nos corredores do hospital antes da minha cirurgia. Contudo, as recordações de tudo em que acredito hoje, a força da oração e um diálogo sincero com Deus me acalmaram no centro cirúrgico, permitindo que minha pressão arterial, então em 17,9 x 11,8, se estabilizasse o suficiente para a realização do procedimento. Foi mais uma prova — e uma grande lição na minha vida — pela qual sou profundamente grato.

Mencionei também em outro capítulo que **ninguém mergulha sozinho no mar nem na vida,** afinal somos seres sociais e, conectar-se com outras pessoas na construção de relacionamentos, criar uma rede de apoio com amigos e entes queridos que se cuidam também é importantíssimo para que enfrentemos com **coragem** o medo da morte, aqui ou lá no plano superior os reencontrando.

Fecho este capítulo neste momento com **minha história ainda sendo escrita, inacabada, cheia de incertezas e de desafios, com mais dúvidas do que respostas**. Talvez assim como você, mas em absoluta paz de espírito e focado na missão de fazer o meu melhor, de entregar tudo que posso, com todas as minhas energias, ajudando e impactando o máximo de pessoas que eu puder, com uma mensagem de **conforto, fé, esperança** e muita, muita **coragem**.

> **Não importa o que façam com você, o que importa é o que você faz com o que fazem com você. A dor é inevitável, o sofrimento é opcional.**

A coragem se manifesta quando confrontamos a inevitabilidade da morte e a finitude da vida. Reconhecer a nossa própria mortalidade é um chamado para viver plenamente e buscar um senso de significado em face da transitoriedade. A coragem nos impulsiona a enfrentar o mistério da morte com aceitação e, ao fazê-lo, podemos encontrar uma maior compreensão de nossa própria existência.

10
A CORAGEM PARA EMPREENDER

Empreender é, sem dúvida, um dos atos mais corajosos que alguém pode "cometer", porque, convenhamos, muitas vezes parece uma insanidade. **Você troca o conforto do conhecido pelo frio na barriga do incerto**. Empreender não é só montar um negócio, é abraçar a incerteza com uma confiança que, por vezes, nem sabemos de onde vem. **É atravessar noites em claro, ouvir inúmeros "nãos", de portas fechadas na cara e, ainda assim, persistir com a alma em chamas, acreditando que é possível, com resiliência e determinação**.

Mas, a coragem de empreender, vai além do fato de ser dono do próprio negócio. Existe uma jornada menos visível, mas igualmente desafiadora: o intraempreendedorismo. É aquele funcionário, colaborador de uma empresa que escolhe inovar, desafiar o *status quo*, e busca fazer a diferença de dentro para fora. **Ambos os caminhos têm em comum uma força: uma inquietude e o desejo de construir algo maior**.

Quando decidi empreender e abrir mão da estabilidade de uma carreira na Ford Indústria e Comércio (FIC), em Guarulhos, uma empresa com mais de três mil funcionários, para empreender na área de segurança eletrônica, recordo o aperto no

PASSO DO GIGANTE

peito ao tomar essa decisão. Era como estar na beira de uma prancha de navio, diante de duas escolhas: recuar para a segurança do barco ou mergulhar no mar agitado e desconhecido. Escolher a segunda opção não foi uma questão de confiança absoluta, mas sim de autoconhecimento — de compreender que apenas sendo dono do meu próprio negócio teria liberdade, criatividade e menos hierarquia e burocracia, embora hoje eu reconheça que, na época, não estava totalmente preparado para essa decisão. Um colega de faculdade que seguiu carreira na indústria automobilística e hoje reside nos Estados Unidos invejava minhas conquistas e "liberdade" e, quando quebrei, (veja o capítulo – *A coragem para recomeçar*) me questionava e pensava em como teria sido diferente caso minha escolha lá atrás tivesse sido a primeira opção, amplificado pela pressão da família para eu desistir deste sonho que estava dando errado e procurar um emprego, para conseguir "pagar as contas". No fim de tudo, a "grama do vizinho sempre parece mais verde", e, naquele momento, me via preso em um ciclo de comparação e arrependimento, no qual as dificuldades pareciam superar qualquer mérito anterior. A pressão para abandonar o caminho do empreendedorismo e buscar a aparente segurança de um emprego formal era imensa, impulsionada pelo medo do fracasso e pela incerteza do futuro. Mas, foi justamente no fundo do poço, que redescobri minha força e minha verdadeira motivação. Compreendi que os tropeços fazem parte da jornada de quem ousa empreender e que cada experiência, inclusive os erros, me preparava para ser mais resiliente, criativo e determinado. A grama do vizinho pode parecer mais verde, mas cada jardim tem suas próprias pragas e desafios. No fim, o sucesso muitas vezes depende de aprendizado, persistência, paciência e determinação. Empreender requer coragem, não só para começar, mas para continuar.

A CORAGEM PARA EMPREENDER

"Empreender é a arte de resistir à vontade de desistir"

Recentemente, durante um churrasco na casa de um amigo, tive a oportunidade de conversar com o executivo de uma das maiores empresas de tecnologia do mundo. Depois de algumas taças de um excelente Tannat uruguaio, ele compartilhou um dilema: após mais de dez anos, percebia que havia alcançado o teto salarial dentro da faixa executiva da empresa. Ele tinha amplo acesso a decisores C-Level de grandes empresas e via nisso uma oportunidade comercial.

Além disso, mencionou que havia realizado treinamentos internacionais, mas sentia dificuldade em aplicá-los em sua posição atual. Pensava em deixar o cargo para empreender, aproveitando a rede de relacionamentos que havia construído para iniciar uma empresa de consultoria. No entanto, buscava conselhos de um amigo que já havia trilhado esse caminho anos antes, pois temia abandonar o emprego, fracassar e se arrepender.

Nesse momento, o anfitrião comentou que milhares de outras pessoas também enfrentam esse dilema e podem estar sofrendo com a incerteza, sem coragem para tomar uma decisão. O "e se", citado no primeiro capítulo desta obra, os assombra como um fantasma. Essa reflexão me motivou a incluir esse caso neste capítulo.

O executivo também ponderou entre pedir demissão ou aguardar uma eventual dispensa, pois, caso fosse desligado, poderia sair com uma reserva financeira considerável para iniciar seu novo negócio de consultoria. No entanto, esse processo poderia levar alguns meses. Após mais algumas taças, ao ser questionado sobre a origem de seu medo intenso de fracassar, ele revelou que o pai havia sido empresário, acumulado uma grande fortuna, mas posteriormente quebrado. Na época, isso o marcou tão profundamente que ele prometeu a si mesmo jamais empreender. Anos depois, já recolocado como funcionário, o pai teve uma conversa franca com ele, reconhecendo que havia cometido erros enquanto o negócio prosperava. Admitiu ter sido imprudente e não ter acompanhado a evolução do mercado, mas reforçou que isso não deveria ser um impedimento para que o filho tentasse.

Naquele instante, ao ouvir seu relato, lembrei de casos semelhantes vividos por meu sócio e por muitos executivos que conheço. Muitos seguiram caminhos opostos aos de seus pais e referências diretas, seja por traumas, seja pelo desejo de alcançar resultados distintos dos exemplos próximos, mesmo sem perceberem ou associarem isso conscientemente. Refletindo sobre isso, percebo que a rotina de trabalho do meu pai, gerente de banco, também me influenciou na infância a seguir o caminho do empreendedorismo. Eu sabia que não queria aquela rotina para minha vida.

Após mais duas taças, ele criticou a abordagem de alguns coachs que pregam que não se deve manter um pé em cada barco, mas sim arriscar-se e mergulhar de cabeça no próprio sonho, focando e persistindo até alcançar o sucesso. Mas e os boletos? E os compromissos financeiros e as necessidades da família? Será que, ao sair dessa grande empresa, manterei meus contatos e conseguirei fechar negócios? Qual é o melhor caminho? Muitas dúvidas, muito medo diante da falta de controle sobre tantas variáveis e poucas respostas.

Sabemos que aqui no país existem também muitos empreendedores por necessidade, aqueles autônomos que iniciam seus negócios de serviços gerais, pequenos comércios por vezes ainda informais, vendedores ambulantes, pequenos produtores que vendem produtos em feiras livres, motoristas e entregadores de aplicativos, costureiras que atendem de casa, cabeleireiros e manicures em salões de bairro, artesãos que comercializam suas criações em mercados locais e tantos outros exemplos neste país gigante. Muitos desses empreendedores e empreendedoras surgem por causa de dificuldades de acesso ao emprego formal ou pela busca de renda complementar, enfrentando desafios diários para sustentar seus negócios. Mesmo assim, com criatividade, coragem e resiliência, conseguem suprir demandas importantes, adaptando-se às condições econômicas e necessidades da comunidade ao seu redor, e podem evoluir e prosperar.

Durante um período de recuperação, após erros e aprendizados, precisei empreender dentro de uma estrutura já consolidada — uma empresa maior do setor de segurança e serviços — e foi então que descobri o conceito de intraempreendedorismo. **O intraempreendedor é aquele que vê oportunidades onde os outros veem rotina. Ele transforma processos, aposta em novas ideias e, muitas vezes, rompe com a burocracia para impulsionar mudanças.** Esse tipo de coragem é especial, porque exige nadar contra a corrente em um ambiente muitas vezes resistente à mudança.

Imagine o colaborador que desafia seu líder ao propor um novo modelo de negócio ou o gerente que ousa transformar a cultura de uma empresa tradicional. **Intraempreender é usar a estrutura que já existe como combustível para inovação, sabendo que o apoio pode ser incerto e que a mudança pode ser lenta.** Mas não é menos desafiador, nem menos importante do que começar algo do zero.

Além de intraempreender nesse período, tive a honra de trabalhar com profissionais visionários do setor de segurança. Já em uma fase próspera como empreendedor — atuando como sócio cofundador da Ôguen Tecnologias —, conheci especialistas que desafiaram seus líderes em grandes corporações ao implementar soluções inovadoras de segurança israelense, até então desconhecidas no Brasil. Pela coragem e pelos excelentes resultados obtidos, foram promovidos e tiveram as carreiras impulsionadas. Eles não apenas mostraram determinação e competência técnica, mas também foram pioneiros ao adaptar tecnologias avançadas a um mercado com necessidades específicas e desafiadoras. Trabalhar com profissionais tão visionários significou participar da transformação do setor de segurança, trazendo conceitos como inteligência artificial aplicada, segurança cibernética e estratégias de defesa integradas. Esses profissionais, com sua coragem e ousadia, quebraram barreiras, conquistaram credibilidade e abriram espaço para que a inovação e a excelência se tornassem a norma, e não a exceção, no cenário de segurança corporativa.

Lembra quando no capítulo *A coragem para não desistir* te provoquei a assumir o protagonismo da sua vida? O objetivo era justamente impulsioná-lo a AGIR, em vez de reclamar, criticar o sistema ou nutrir a crença de que o empresário, por assumir riscos, é um "explorador". Prosperar e enriquecer no Brasil não é crime, tampouco um privilégio inalcançável. Se esse ainda é o seu pensamento, talvez seja hora de repensar suas convicções e considerar empreender. Se você continua tendo este tipo de pensamento ou atitude, tenha a coragem de iniciar seu próprio negócio e empreender, lembrando que fazer isso no Brasil é um capítulo à parte, e aqui cabem algumas considerações, dada que nossa realidade aqui é marcada por obstáculos que desafiam até os mais ousados e os mais bem-preparados.

O ambiente regulatório é complexo, e a burocracia pode se assemelhar a um oceano intransponível. De acordo com o relatório *Doing Business Report** do Banco Mundial, o tempo médio para abrir e operar um negócio no Brasil é significativamente maior do que em outros países. Os impostos são muito altos com incidência em cascata e, muitas vezes, as leis trabalhistas e tributárias são confusas.

Certo dia, ouvi de um empresário que aqui no Brasil "até o passado é incerto".

Outro grande desafio é o acesso ao crédito. Muitos empreendedores enfrentam barreiras para obter financiamento, limitando suas chances de investimento e crescimento. Fora isso, temos as flutuações econômicas, crises políticas e a competitividade acirrada. Definitivamente não é simples nem fácil.

Mas, se você já empreende ou está efetivamente determinado a empreender, provavelmente está em busca de **dicas e soluções**.

Seguem algumas que uso e que dão certo para mim, mas reitero que não existe certo ou errado, nem receita pronta para o sucesso.

Networking e parcerias: empreender é algo solitário, mas conhecer outras pessoas que estejam no mesmo barco ou que já trilharam o caminho que você deseja seguir faz a jornada mais leve. Participe de feiras, eventos, grupos, mentorias e associações empresariais. As conexões podem abrir portas, indicar atalhos e até gerar colaborações que reduzem custos.

Educação e capacitação contínua: o mundo dos negócios está em constante mudança e evolução. Estude as tendências do seu mercado, aprenda sobre gestão financeira, marketing e tecnologia. O conhecimento

* Relatório citado em discussões sobre ambiente de negócios, desafios e oportunidades no Brasil.

é fundamental para o sucesso do negócio. Meu mantra: *lifelong learning* (educação continuada a vida toda).

Planejamento Tributário: Busque o apoio de contadores ou consultorias especializadas para otimizar a carga tributária da sua empresa. O sistema é complexo, mas há formas legais de tornar os processos mais eficientes e pagar impostos de maneira mais otimizada e justa.

Digitalização e Automação: Adote ferramentas tecnológicas para otimizar processos internos e melhorar a experiência do cliente. A digitalização reduz custos operacionais e aumenta a produtividade. O uso de IA (inteligência artificial) é um recurso importantíssimo e se tornará imprescindível para a manutenção da competitividade do seu negócio.

Atenção às Políticas Públicas: Fique atento a programas de incentivo ao empreendedorismo. Há linhas de crédito específicas, capacitações e programas que podem apoiar seu crescimento.

Construção de marca - branding e experiência do cliente: Não basta vender; é preciso encantar. A experiência do cliente se tornou um dos maiores diferenciais competitivos no mercado atual. Proporcionar um atendimento memorável, cumprir com o que promete e estar disposto a ouvir são elementos que transformam clientes em embaixadores da marca. Diferencie-se da concorrência criando um relacionamento genuíno com seus clientes. Transparência, confiança e atendimento de qualidade são premissas e não mais diferenciais.

Formação de time e RH estratégico: Ninguém constrói um negócio bem-sucedido sozinho. Por trás de cada sucesso, há um time engajado, comprometido e, principalmente, bem alinhado com os valores e objetivos da empresa. A formação de um time vai muito além de contratar pessoas para ocupar posições. É preciso encontrar profissionais que compartilhem o propósito do negócio e que estejam dispostos a crescer e inovar com você. Para cumprir essa missão, busque por um profissional capacitado e com experiência de mercado na área de RH, com visão macro do negócio, que irá desenhar e alinhar de forma

A CORAGEM PARA EMPREENDER

estratégica o ambiente de cultura atrativa aos interesses e crescimento consciente da empresa.

Departamento Comercial: Uma ideia, por mais incrível que seja, não se sustenta se não for vendida. O setor comercial é, em grande parte, o coração pulsante de qualquer negócio. É o time de vendas que conecta a empresa ao mercado, transforma estratégias em receita e garante que o produto ou serviço chegue ao cliente com valor agregado.

Desenvolver um setor comercial forte requer estratégia, metas claras e um conhecimento profundo do mercado e do cliente. O comercial precisa ser orientado por dados, mas também deve ter uma abordagem humanizada, capaz de entender dores, criar soluções e gerar valor.

Finanças como alicerce: Uma gestão financeira eficiente é o alicerce de qualquer negócio de sucesso. Sem finanças organizadas, é impossível sustentar crescimento, planejar investimentos e até mesmo enfrentar períodos de crise. Controle de fluxo de caixa, análise de rentabilidade e planejamento financeiro são práticas obrigatórias, incluindo a criação de um fundo de reserva para atravessar as oscilações econômicas, lidar com imprevistos e continuar operando em tempos difíceis sem depender de crédito a curto prazo, extremamente caro.

Adaptabilidade e Inovação constante: O mundo dos negócios está em constante transformação, e empresas que não se adaptam ficam para trás. Estar atento às mudanças de mercado, novas tecnologias, tendências de comportamento e oportunidades é vital para a longevidade de qualquer empreendimento. Ter uma cultura de inovação, mesmo que em pequenas melhorias contínuas, permite que o negócio esteja sempre um passo à frente.

Seja empreendendo ou intraempreendendo, há sempre um preço a pagar. Não se iluda: o brilho de "ser seu próprio chefe" não vem sem tempestades. Ambos enfrentam desafios exaustivos, que testam a paciência e frequentemente despertam dúvidas sobre a própria capacidade. E é nesse ponto que a verdadeira coragem se revela: reconhecer os medos, acolher as vulnerabilidades e, ainda assim, seguir em frente. Mas por que encarar tudo isso? Porque empreender, seja qual for a forma, é um ato de construção. É a oportunidade de criar um legado e gerar impacto real.

Ao olhar para trás, percebe-se que cada queda fortaleceu a capacidade de se reerguer e que cada porta fechada trouxe lições valiosas para as que se abriram depois.

Empreender e intraempreender são escolhas com um risco calculado, sim, mas guiadas pelo desejo de transformar algo: seja um negócio, uma empresa ou mesmo a própria vida. É criar impacto com a determinação de quem sabe que há mais além das montanhas do medo.

Mas, Kleber, e o caso do executivo, como terminou afinal? Ainda não terminou, mas ele saiu com mais perguntas e provocações do que quando chegou, cujas respostas somente ele poderá responder, dentre elas:

Você realmente acha que os clientes são seus ou são da empresa? — Já vi inúmeros executivos que são respeitados ou "tolerados" pelos seus cargos e respectivo poder da cadeira ou da marca que representam, e perdem autoridade assim que saem da companhia, portanto muito cuidado com essa visão, pois há um peso institucional imensurável nesta conta, que você também precisará construir quando empreender.

Suas conexões são profundas ou superficiais com estes possíveis clientes? — Conexões profundas que geram confiança permitirão a você, de forma discreta, buscar a opinião sincera, ainda que na terceira pessoa, de forma a validar se faz sentido ou não a sua tese de que se tornarão clientes imediatos.

Não seria ideal realizar o MVP (Mínimo produto viável) ou um teste de validação antes de abandonar "a segurança" do cargo executivo? — Faça um teste: recomende um serviço de terceiros que tenha confiança e verifique se há aderência e evolução de contratação, testando sua autoridade e poder de influência na tomada de decisão, ou ainda, teste seu próprio modelo de produto ou serviço, dentro da legalidade, do acordo atual e das regras estabelecidas.

Já pensou sob o ponto de vista ético e de *compliance*? — Ao mudar de lado da mesa, o que você faria com um executivo da sua confiança que fizesse o mesmo que você pretende fazer, só que agora no seu negócio? Se a resposta for negativa, se sentir vergonha de contar esta história para sua família no futuro, repense o modelo, não vale a pena começar errado.

Você acha que dará conta sozinho ou já planeja um time ou sócios com competências complementares? — Já falamos sobre isso aqui no capítulo e, neste caso, o executivo imaginava que ele começaria sozinho e daria conta de tudo, como uma "eupresa", o que é um erro clássico no B2B (business to business), não escalável e mais suscetível a perdas de clientes (Churn), dado que não consegue estar no dia a dia do operacional, responsável pelos entregáveis, pelo tático e pelo estratégico simultaneamente, além de não conhecer as outras áreas de negócios pelas quais precisará também responder.

Antes de dar esse passo, você já se informou e estudou as disciplinas fundamentais para um negócio? Já analisou o mercado, sua evolução e os possíveis cenários? Já elaborou um plano de negócios e estimou o capital necessário até atingir o ponto de equilíbrio e a fase de tração?

PASSO DO GIGANTE

Acredite, sem essas respostas básicas e apenas com a força de vontade, a chance de fracasso é imensa. Agora, uma vez feita a lição de casa e ainda determinado a continuar, ainda que com a presença do medo e o frio na barriga que estarão presentes sempre, acelere e vá para cima com todas as suas energias, sem dar ouvido aos pessimistas e desinformados. Tenha a coragem de enfrentar os desafios que virão com foco e determinação e saiba que a coragem será sua companheira constante. **O mundo nem sempre é gentil com quem sonha alto, mas a verdadeira beleza está em desafiar limites e provar que é possível, mesmo quando tudo indica o contrário.**

Seja um fundador ou um inovador dentro de uma empresa; você está desbravando caminhos para que outros possam seguir. **E isso, caro leitor, é o tipo de coragem que muda o mundo.**

> **Mas é nesse momento que se revela a verdadeira essência da coragem: reconhecer os medos, aceitar as vulnerabilidades e, ainda assim, seguir adiante.**

Dentro da complexidade da experiência humana, a coragem de empreender manifesta-se como uma força interior que nos impulsiona a transformar o mundo. É uma energia criativa que rompe com o convencional e abre caminhos para a inovação.

Mais do que iniciar projetos, é uma virtude que concretiza visões, expressando a capacidade humana de enfrentar o desconhecido e atuar como agente de transformação.

11
A CORAGEM PARA TER SÓCIOS

Empreender sozinho já é desafiador, mas optar por ter sócios assemelha-se a um casamento — porém, com contratos, metas empresariais e capital envolvidos. A escolha de um sócio pode definir o sucesso ou o fracasso de um empreendimento. Portanto, compreender as implicações, vantagens, desvantagens e, sobretudo, as melhores práticas para essa escolha é essencial. Digo isso com propriedade, pois minha trajetória empreendedora foi marcada por acertos e aprendizados resultantes de erros dolorosos. **Ter sócios é um ato de coragem que transcende a mera união de forças e recursos, pois exige renunciar ao controle absoluto para compartilhar sonhos, desafios e responsabilidades.** É um exercício de confiança no outro e na capacidade de cocriação, enfrentando o risco de desentendimentos, divergências, fracassos coletivos e que envolve ainda a aceitação da vulnerabilidade ao se expor a visões, interesses e personalidades distintas, requerendo humildade para ouvir, ceder e alinhar propósitos.

Por que escolher um sócio?

Inicialmente, contar com um sócio pode ser um diferencial estratégico. Ninguém é especialista em todas as áreas. Talvez suas habilidades estejam concentradas em vendas, mas sua expertise em finanças seja limitada. Ou, quem sabe, você seja excelente em operações, mas necessite de um parceiro com visão criativa para expandir os negócios. **Ter sócios possibilita a complementação de competências e a ampliação das capacidades da empresa.**

Além disso, dividir a jornada empreendedora pode tornar a carga mais leve. Os momentos de dúvida, incerteza e até de celebração são melhores quando compartilhados. Um bom sócio traz suporte emocional e intelectual para as decisões críticas.

Vantagens de ter sócios

Divisão de tarefas e habilidades complementares: Como já mencionei, encontrar alguém com habilidades que complementem as suas pode ser o diferencial para o sucesso. Juntos vocês podem cobrir mais áreas do negócio com expertise.

Compartilhamento de responsabilidades e riscos: Empreender é arriscado, e ter sócios permite que os riscos e as responsabilidades sejam compartilhados, o que pode aliviar a pressão e tornar a jornada mais sustentável.

Acesso a recursos financeiros e contatos: Um bom sócio pode trazer investimentos financeiros, conexões de mercado ou expertise que aceleram o crescimento do negócio.

Tomadas de decisão mais equilibradas: Ao discutir questões críticas, é provável que múltiplos pontos de vista tornem as decisões mais ponderadas, reduzindo o risco de escolhas impulsivas ou unilaterais.

A CORAGEM PARA TER SÓCIOS

Costumo dizer sempre que decisões colegiadas são mais maduras e consistentes que decisões monocráticas.

No meu caso atualmente, participando de múltiplos negócios, a figura dos sócios se torna ainda mais relevante. Cada empresa possui desafios únicos e exige tempo, dedicação e habilidades específicas. Ter um ou mais sócios em cada empreendimento pode ser a diferença entre alcançar o sucesso ou se ver sobrecarregado com as múltiplas demandas, e seria impossível obter os resultados que tenho sem sócios engajados e alinhados, sendo também a receita de sucesso de amigos multimilionários ou bilionários.

Cuidados para ter sócios

Conflitos de visão e expectativas: Nem sempre as expectativas são alinhadas e conflitos podem surgir quando os objetivos pessoais ou profissionais diferem. É essencial garantir que todos estejam na mesma página quanto aos rumos do negócio.

Divisão de lucros: Com um sócio, você divide não apenas o trabalho, mas também os lucros. Isso pode ser um ponto de atrito se o esforço e o comprometimento não forem percebidos como iguais.

Desacordos e decisões lentas: Quanto mais pessoas envolvidas nas decisões, maior a chance de discordâncias que podem atrasar ou complicar processos.

Questões legais e de controle: Dependendo dos termos do contrato, o sócio pode ter o poder de bloqueio em certas decisões ou mesmo de alienar a empresa, caso as coisas não estejam bem amarradas legalmente.

Dicas práticas para escolher um sócio

Valores e visão alinhados: O sócio deve compartilhar os mesmos valores éticos e de negócios que você. Alinhamento de valores evita conflitos em decisões sensíveis e assegura que todos trabalhem com os mesmos objetivos.

Avalie as habilidades complementares: Escolha alguém com competências que você não tem, mas que são essenciais para o sucesso do negócio. Se ambos são bons em vendas, quem cuidará das finanças, da operação ou da tecnologia?

Estabeleça um acordo de sócios: Não importa se é seu amigo de longa data, familiar ou alguém que você conheceu recentemente. Um acordo formal define papéis, responsabilidades, divisão de lucros, critérios de saída e resolução de conflitos. Ele é um "contrato de casamento" para o mundo dos negócios.

Teste a parceria antes: Se possível, trabalhem juntos em projetos menores antes de se comprometerem como sócios formais. Isso permite avaliar a dinâmica de trabalho e antecipar possíveis problemas.

Defina metas claras e expectativas: Todos devem saber o que se espera deles em termos de esforço, capital investido, tempo dedicado e retorno esperado. A transparência inicial evita conflitos futuros.

Planeje para conflitos: Conflitos são normais, mas precisam ser geridos com maturidade. Estabeleçam um mecanismo de resolução, como mediadores ou cláusulas de compra e venda em situações de impasse.

Confiança e comunicação: Sem confiança e comunicação aberta, a sociedade será um terreno fértil para mal-entendidos e desgastes. Crie um canal transparente para conversas sobre o negócio e respeite o ponto de vista do outro.

Quando evitar um sócio

Por fim, entenda que nem sempre ter um sócio é a solução ideal. Se você consegue alcançar seus objetivos com colaboradores especializados ou contratando serviços externos, talvez a divisão de controle e lucros não valha a pena. Além disso, se o potencial sócio não tem um histórico de confiança ou ética, é melhor não arriscar. Os laços de confiança são mais difíceis de reconstruir do que de evitar.

A importância de escolher com sabedoria

A escolha de um sócio é uma das decisões mais estratégicas na trajetória de um empreendedor. Essa decisão pode resultar em uma parceria bem-sucedida ou em um erro de difícil correção. **A coragem de empreender não é apenas colocar sua ideia no mundo, mas também quem você permite que compartilhe essa jornada com você.** Seja prudente, mas não tenha medo de buscar apoio. Afinal, empreender em conjunto pode ser a força extra que você precisa para transformar sonhos em realidade.

Nos agradecimentos, menciono alguns dos meus sócios e ressalto a relevância da contribuição de cada um em minha jornada. Sem eles, certamente, não teria chegado até aqui. E estou convicto de que essa lista continuará crescendo. Quem sabe eu me torne seu sócio, em algum empreendimento próspero. Tem coragem?

"

A coragem de empreender não é apenas colocar sua ideia no mundo, mas também quem você permite que compartilhe essa jornada com você.

Ter sócios exige coragem, pois representa uma manifestação profunda de confiança e colaboração. Implica a disposição de compartilhar sonhos e responsabilidades, unindo forças para alcançar objetivos que vão além do individual. Mais do que formalizar parcerias, é uma virtude que reconhece a interdependência humana, acolhendo a vulnerabilidade do compromisso mútuo e demonstrando a capacidade de construir algo maior por meio da união de perspectivas e talentos diversos.

12
A CORAGEM PARA DEMITIR

Começo este capítulo pedindo a você um exercício: reflita sobre os tópicos que eu vou trazer aqui não apenas sob o ponto de vista profissional, mas faça uma analogia e observe que a maior parte das sugestões servem também para quando precisamos demitir alguém na nossa vida pessoal. Portanto, este capítulo serve para você que é empregado, subordinado a alguém, para você que não trabalha, que já trabalhou, para você gestor, para você que trabalha para sua família ou ainda para você que empreende... é para mim, para todos nós! Confesso que o momento de demitir alguém sempre foi um processo bem difícil e delicado na minha jornada empreendedora e o medo da reação da outra parte sempre me incomodou, pois ainda que eu esteja sendo justo e tenha muitos motivos para ter chegado a essa decisão, posso não ser bem compreendido ou corretamente interpretado. Esse processo exige, portanto, coragem, pois envolve a rescisão de um contrato de trabalho e pode ter consequências significativas para a pessoa demitida, seu sustento e sua família.

Aprendi, a duras penas, que a demissão **não** deve ocorrer como um evento isolado no momento da rescisão do contrato de trabalho. Se houver um trabalho prévio bem estruturado, com estratégias de feedback, comunicação clara, alinhamento de expectativas e indicadores-chave bem definidos, esse momento pode ser conduzido de forma mais transparente e justa. Entre outros aspectos que compartilho neste capítulo, meu objetivo é ajudar quem sente medo e desconforto ao demitir alguém, seja no ambiente corporativo ou em situações pessoais, como um relacionamento. Antes de tudo, é essencial compreender que, em certas circunstâncias, demitir um colaborador é necessário para o bem-estar da empresa e da equipe. Ele pode apresentar baixo desempenho, não se encaixar na cultura da empresa ou demonstrar um comportamento inadequado. Nesses casos, é fundamental que o líder ou gestor tome providências, pois a omissão pode impactar negativamente toda a equipe.

O objetivo não é julgar se a pessoa é boa ou ruim, mas reconhecer que ela pode não ser mais compatível com o momento da empresa. Em outro contexto, com uma cultura diferente ou em um estágio distinto, ela pode prosperar.

Sugiro que **ANTES** da decisão de demitir alguém você siga os seguintes passos:

Analise a situação: Você deve analisar cuidadosamente as razões pelas quais está considerando a demissão desta pessoa. É importante considerar se a demissão é realmente necessária ou se existem outras soluções que podem resolver o problema.

Revise o histórico do colaborador: faça isso, incluindo seu desempenho, frequência, pontualidade e outros fatores que possam estar contribuindo para a decisão de demiti-lo.

Forneça feedback: um feedback claro e direto ao colaborador sobre suas preocupações e expectativas. Deixe claro que a demissão é uma possibilidade, mas que pode haver outras soluções a ser exploradas antes desta situação limite.

Ofereça suporte: ajude-o a melhorar seu desempenho ou superar qualquer problema que esteja afetando a capacidade dele de trabalhar.

Considere alternativas: pense em opções à demissão, como transferir o colaborador para outro departamento ou fornecer treinamento adicional para ajudá-lo a melhorar suas habilidades.

Consulte outras partes interessadas: Consulte o Recursos Humanos ou representantes sindicais, antes de tomar a decisão final de demitir o colaborador.

Verifique a conformidade com as leis trabalhistas: certifique-se de que a demissão é legal e está em conformidade com as leis trabalhistas e regulamentações aplicáveis ou de acordo com o contrato no caso de PJ. Dependendo do país ou estado, pode haver regulamentações específicas sobre procedimentos de demissão, acordos sindicais, pagamento de indenizações e outros direitos do colaborador.

Documente a performance do funcionário: Mantenha um registro preciso do desempenho do colaborador, incluindo reuniões de feedback, avaliações de desempenho, notas de incidentes e outras informações relevantes. Isso pode ser útil se ele entrar com uma ação legal ou se houver um recurso de desemprego.

Prepare uma abordagem cuidadosa: Esteja preparado para lidar com a demissão com cuidado e empatia. Escolha um local privado para a reunião, tenha uma testemunha presente, explique claramente os motivos para a demissão e ofereça suporte emocional ao colaborador.

Avalie o impacto da demissão: Avalie cuidadosamente o impacto da demissão na equipe, no departamento e na empresa como um todo. Considere como esse desligamento afetará o moral da equipe, o desempenho do departamento e a reputação da empresa.

Planeje a sucessão: Avalie a necessidade de reposição da vaga e planeje como preencherá o cargo deixado pelo colaborador demitido. Isso pode incluir identificar possíveis sucessores internos ou começar o processo de recrutamento externo.

A CORAGEM PARA DEMITIR

Demita com respeito: Se a decisão final for desligar o funcionário, faça com respeito e profissionalismo. Explique claramente os motivos para a demissão e forneça suporte e orientação para ajudar o colaborador a fazer uma transição suave para outro emprego. Por exemplo, se um funcionário está com problemas de desempenho, opte por oferecer treinamento adicional, feedback constante e orientação para ajudá-lo a melhorar. Se está sofrendo com problemas pessoais ou familiares que afetam seu trabalho, ofereça suporte emocional e encoraje-o a buscar ajuda profissional. Se o motivo da demissão é uma reestruturação da empresa, explique claramente a situação aos colaboradores e forneça assistência na busca de novas oportunidades de emprego.

Atualmente, nos negócios onde sou líder, dou muito mais valor à aderência com a cultura, ao comportamento (soft skills) e aos inegociáveis do que apenas à entrega técnica ou à performance. E mais do que nunca: entendi na prática que as pessoas são contratadas pela competência e demitidas pelo comportamento.

Desta forma, nas minhas empresas, os fins não justificam os meios. Ainda que um vendedor bata ou supere todas as metas, se não tiver ética — um dos inegociáveis — estará fora do meu time e ponto. E reforço com o RH Estratégico a importância de avaliar com muita atenção e critério esses aspectos comportamentais antes da contratação, alinhamento com nossa cultura, comportamento colaborativo e demais competências emocionais.

Na vida pessoal, um valor inegociável para muitos é a confiança. Por isso, a traição é inaceitável tanto nas relações pessoais quanto nos negócios. Esses princípios devem ser esclarecidos desde o início da relação, assim como as expectativas: se desejam constituir uma família, quais são seus sonhos, objetivos, valores, preferências e afinidades. Recordo a história de um empresário que, ao entrevistar dois candidatos finalistas para um cargo de confiança no alto escalão da companhia, optou por contratar o profissional que demonstrou mais cordialidade e gentileza com o porteiro, e não apenas com ele, o futuro chefe. Aquele que agiu proativamente para pegar um papel que estava no chão da sala de entrevistas ou que fechou aquela torneira que estava pingando na pia, com atitudes que não só mostravam as competências técnicas, mas também seus comportamentos reais no dia a dia, que serão espelhos das suas atitudes com seus liderados, com seu time, com sua equipe na empresa. Esta fase bem-feita certamente reduzirá a chance de uma demissão e suas consequências.

Um outro aspecto que quero abordar neste capítulo por já ter sofrido no passado são dicas práticas de como lidar com o sentimento de ter demitido alguém, uma experiência emocionalmente difícil para muitos líderes.

Seguem aqui algumas estratégias que me ajudam a lidar com esses sentimentos:

Pratique a Empatia: É importante reconhecer que a demissão afeta não apenas o colaborador demitido, mas também quem tomou a decisão. Para lidar com esses sentimentos, é útil praticar a empatia e se colocar no lugar da pessoa. Pense em como você se sentiria se estivesse na posição dele ou dela e use esses insights para informar suas ações e comunicações.

Aprenda com a experiência: Use a demissão como uma oportunidade para aprender e crescer como líder. Pense em como você poderia ter lidado com a situação de maneira diferente e aplique essas lições em situações futuras. Se a decisão foi justificada, encontre conforto emocional no fato de que você agiu de maneira ética e responsável. Se errou, identifique os pontos de melhoria e não erre novamente nestes mesmos pontos, agradecendo a oportunidade de aprendizado. Se a decisão foi difícil, lembre-se de que é normal sentir-se desconfortável e busque apoio emocional para ajudá-lo a processar suas emoções.

Foque no Futuro: Embora seja importante lidar com seus sentimentos em relação à demissão, também é importante focar no futuro e no que vem a seguir. Não gaste seu tempo e energia remoendo ou refletindo sobre os motivos ou as consequências da demissão, ou se questionando se foi ou não uma decisão correta ou justa depois de já ter feito. Se você fez o dever de casa antes, deixou claro nos feedbacks a sua insatisfação e se deu oportunidade de melhoria, agora é seguir em frente sem olhar para o retrovisor, foque como você pode apoiar a equipe restante e continuar a desenvolver seu time e sua organização.

Reitero que, ao tomar a decisão de demitir um colaborador, é importante ser justo, transparente e respeitoso durante todo o processo e trabalhar muito a empatia, colocando-se no papel do outro. **A coragem de demitir um colaborador é ser responsável por tomar decisões difíceis necessárias para manter um local de trabalho saudável e produtivo.**

Não poderia finalizar este capítulo sem citar a máxima do querido Marcus Marques do Acelerador Empresarial: **"Você não está demitindo, está promovendo a mercado".**

"

Um líder deve tomar decisões difíceis, ciente de que nem sempre agradará a todos.

A coragem se manifesta diante de escolhas desafiadoras e grandes responsabilidades, seja ao tomar decisões éticas ou morais complexas, liderar em momentos críticos ou enfrentar as consequências de nossas ações. Assumir a responsabilidade por nossas escolhas e agir em alinhamento com nossos valores é um sinal de maturidade e integridade.

13
A CORAGEM DE RIR DE SI MESMO

Sabe aquele momento em que você tropeça na rua, bem no meio da calçada, e tenta disfarçar fingindo que está correndo? Ou quando seu salto quebra durante a festa? Ou a sola do sapato descola diante dos colegas de trabalho? Ou ainda quando você entra em uma sala cheia e percebe que sua camisa está manchada, o zíper da calça aberto ou um feijão preso no dente? Pois é, todos nós já passamos por situações embaraçosas que, na hora, parecem o fim do mundo. Mas vou te contar um segredo: **aprender a rir de si mesmo é uma das habilidades mais libertadoras e poderosas que você pode desenvolver.**

O alívio de não se levar tão a sério

Quando comecei minha jornada empreendedora, tinha aquela ideia fixa de que precisava ser perfeito. Achava que demonstrar qualquer fraqueza ou admitir um erro era sinônimo de falta de preparo ou de fracasso. Vestia terno e gravata para me sentir mais autoconfiante, passando uma imagem de senioridade. Mas ainda assim, lembro-me de várias reuniões e apresentações importantes em que, no meio da explanação, me confundi, esqueci uma parte essencial e improvisei mal. Em todas as vezes, o silêncio na sala foi ensurdecedor. Todos me observavam atentamente, meu rosto queimava de vergonha, minha garganta secava e o suor escorria, até que alguém iniciasse um novo assunto ou fizesse alguma observação. Eu, muito sem graça, não tinha onde enfiar minha cabeça.

Com o tempo e depois de vários tropeços, um dia, mais maduro e experiente, algo inesperado aconteceu. Em vez de tentar consertar ou fingir que nada tinha acontecido, comecei a rir. Foi uma risada sincera, daquelas que vêm do fundo da alma. A tensão se desfez, as pessoas começaram a rir junto e aquele momento, que poderia ter sido um desastre, transformou-se em conexão. Isso aconteceu diversas vezes em transmissões ao vivo do programa *Café com Segurança*, em entrevistas e palestras. **Percebi que me mostrar humano, falho e capaz de rir dos próprios tropeços me aproximava das pessoas.**

Isso também aconteceu recentemente no hospital, numa situação bastante constrangedora. Duas enfermeiras no quarto para a retirada do dreno e troca da sonda, três dias após a cirurgia, antes da alta hospitalar. O que deveria ser um momento de tensão e vergonha acabou se transformando em uma gargalhada coletiva. Quebrei o clima ao rir de mim mesmo naquela situação vexatória: estava de pé no meio do quarto quando uma grande quantidade de urina escorreu, formando uma poça no chão, ainda que a sonda estivesse desobstruída. Obviamente me mantiveram mais tempo no hospital para as devidas verificações, mas rir naquele momento foi o melhor remédio.

Conectando-se através da vulnerabilidade

Rir de si mesmo é um ato de coragem porque nos expõe, mostra que não controlamos tudo, que não temos todas as respostas, que cometemos erros — e que está tudo bem. **Essa autenticidade cria pontes, gera empatia e nos torna mais acessíveis.** No mundo dos negócios, onde muitas vezes prevalece uma fachada de infalibilidade, ser capaz de mostrar seu lado humano é um diferencial poderoso — algo que aplico diariamente nos negócios onde atuo.

As pessoas se conectam com histórias reais, com emoções genuínas. Quando compartilhamos nossas falhas e somos capazes de rir delas, damos permissão para que os outros façam o mesmo. **Criamos um ambiente onde a criatividade floresce, o medo do julgamento diminui e a inovação acontece.**

Liberte-se do peso da perfeição

A busca incessante pela perfeição é uma armadilha. Ela nos paralisa, impede que arrisquemos e nos torna rígidos. Quando entendemos que errar faz parte do processo e que podemos encontrar humor nessas situações, libertamo-nos de um fardo enorme. Rir de si mesmo é, na verdade, um ato de autocompaixão: reconhecer que você está fazendo o seu melhor e que, às vezes, as coisas não saem como planejado.

Dicas práticas para cultivar o hábito de rir de si mesmo

Ressignifique a situação: Quando algo embaraçoso acontecer, tente olhar por outro ângulo. Pergunte-se: *Daqui a um tempo, isso ainda vai importar?* Geralmente, a resposta é não. Então, por que não achar graça agora?

Compartilhe suas histórias: divida suas experiências engraçadas com amigos ou colegas. Isso não só torna o momento mais leve, como também fortalece os vínculos com as pessoas ao seu redor.

Pratique a autoconsciência: reconheça seus pontos fortes e fracos. Quando você se conhece bem, torna-se mais fácil aceitar suas falhas sem se punir por elas.

Cerque-se de pessoas bem-humoradas: o riso é contagioso. Estar próximo de pessoas que encontram leveza na vida contribui para que você também desenvolva essa habilidade.

Lembre-se de que ninguém está prestando tanta atenção assim: muitas vezes, achamos que todos estão reparando nos nossos erros, mas as pessoas costumam estar mais focadas em si mesmas.

O impacto positivo no ambiente de trabalho

Levar essa mentalidade para o ambiente profissional pode transformar a cultura da sua empresa. **Líderes que demonstram humildade e bom humor inspiram suas equipes a serem mais abertas, colaborativas e inovadoras.** Quando o medo de errar diminui, o espaço para a criatividade se expande.

Além disso, um ambiente onde o riso é bem-vindo torna-se mais saudável e produtivo. As pessoas se sentem mais motivadas, o estresse reduz e os relacionamentos se fortalecem. Isso não significa falta de seriedade com o trabalho, mas sim uma abordagem mais leve diante dos desafios.

A coragem que transforma

Rir de si mesmo exige desapegar-se do ego e uma dose generosa de humildade, mas os benefícios são enormes. Você se torna mais resiliente, acessível e, acima de tudo, mais feliz. **A vida já é cheia de complicações, não precisamos adicionar o peso da autocrítica excessiva.**

Então, da próxima vez que você se perceber levando tudo muito a sério, lembre-se: um sorriso pode ser a melhor resposta. Permita-se cometer erros, aprenda com eles e siga em frente com leveza. A verdadeira coragem de rir de si mesmo está em aceitar nossas imperfeições como parte da jornada, reconhecendo que são elas que nos tornam únicos.

> **A vida já é cheia de complicações, não precisamos adicionar o peso da autocrítica excessiva.**

A coragem de rir de si mesmo é uma manifestação de humildade e autoconhecimento. Reconhecer e abraçar as próprias imperfeições com leveza transforma erros em oportunidades de crescimento e conexão humana. Mais do que uma demonstração de bom humor, é uma virtude que liberta das amarras do ego, permitindo uma existência mais autêntica e uma relação mais sincera com o mundo ao redor.

14
A CORAGEM DE DIZER NÃO

Você já se pegou em uma situação em que disse "sim" quando tudo dentro de você gritava "não"? Talvez tenha aceitado um convite indesejado, assumido mais responsabilidades quando já estava sobrecarregado ou concordado com uma opinião apenas para evitar conflitos. A verdade é que dizer "não" pode ser incrivelmente difícil, mas é uma das habilidades mais poderosas que podemos desenvolver.

O peso do "sim" automático

Desde cedo, somos ensinados a agradar, ser solícitos e evitar desapontar os outros. O "sim" se torna quase um reflexo automático, uma forma de buscar aceitação e evitar desconfortos. Mas a que custo? Quantas vezes você abriu mão do seu tempo, energia ou até mesmo dos seus valores para satisfazer expectativas alheias?

Durante uma fase da minha vida, a agenda estava sempre cheia. Não porque eu realmente quisesse assumir todos esses compromissos, mas porque tinha medo de dizer "não". O resultado?

Exaustão, estresse e a sensação constante de estar vivendo a vida de outra pessoa, e não a minha.

Certa vez meu sócio disse que tinha que viajar novamente, após nosso retorno do exterior, para atuar como cerimonialista em um evento — sem remuneração e ainda arcando com todas as despesas de passagem e hospedagem. Mas ele me confessou que tudo o que mais queria naquele final de semana era ficar com sua família, aproveitando a companhia dos filhos pequenos e da esposa. Questionei o porquê de ter aceitado o convite, e ele me disse que não teve coragem de falar "não".

Você agora pode ter achado um absurdo, mas pare para analisar e me responda sinceramente: quantas vezes, quase sem perceber, você já fez o mesmo?

Dizer "não" é um ato de autocuidado

Aprender a dizer "não" é, antes de tudo, um ato de respeito consigo mesmo. Significa reconhecer seus limites, prioridades e necessidades. Não se trata de ser egoísta ou indiferente, mas de entender que você não pode agradar a todos o tempo todo — e tudo bem.

Quando diz "não" a algo que não está alinhado com seus valores ou que ultrapassa sua capacidade, você está dizendo "sim" para si mesmo. Isso permite que direcione sua atenção e energia para aquilo que realmente importa – para as pessoas e atividades que acrescentam valor à sua vida.

Os benefícios de dizer "não"

Preservação da saúde mental e física: Ao respeitar seus limites, você reduz o estresse e a sobrecarga, melhorando sua qualidade de vida.

Fortalecimento das relações autênticas: Quem realmente se importa com você entenderá e respeitará suas decisões. Isso fortalece laços baseados em honestidade e respeito mútuo.

Aumento da produtividade e foco: Ao evitar compromissos desnecessários, você pode direcionar sua energia para o que realmente importa, seja no trabalho ou na vida pessoal.

Desenvolvimento da autoconfiança: Cada "não" dito de forma assertiva reforça sua autoestima e a confiança nas suas decisões.

Como desenvolver a coragem de dizer "não"

Conheça seus valores e prioridades: Tenha clareza sobre o que é importante para você. Isso facilita a identificação de quando dizer "não" é a melhor opção.

Pratique a empatia, mas sem se anular: É possível ser gentil e firme ao mesmo tempo. Reconheça os sentimentos do outro, mas mantenha sua posição.

Use uma linguagem clara e respeitosa: Um simples "Não posso assumir isso agora" é suficiente. Evite justificar excessivamente seu "não". Pare de explicar detalhadamente, de expor todos os motivos ou buscar desculpas após negá-lo.

Reforce seus limites: Se alguém insistir, reafirme sua decisão com calma. Sua única responsabilidade é ser sincero.

Prepare-se para as reações: Nem todos vão aceitar seu "não" facilmente, e isso não deve ser um problema para você. Lembre-se de que a reação do outro não é sua responsabilidade.

Comece com pequenos "nãos": Pratique em situações de menor impacto para ir ganhando confiança.

O poder libertador do "não"

A primeira vez que eu disse "não" conscientemente foi assustadora. Meu coração acelerou, temi ser mal interpretado ou causar decepção. Mas, para minha surpresa, o mundo não acabou. Na verdade, senti um enorme alívio. Era como se um peso tivesse sido tirado dos meus ombros.

Percebi que, ao dizer "não", eu estava sendo verdadeiro comigo mesmo e com os outros. Estava estabelecendo relações mais honestas e saudáveis e, principalmente, retomando o controle da minha vida.

Vamos sair para uma festa? Não, hoje quero ficar em casa.

Vamos visitar um parente? Hoje não, podemos ir na próxima semana. Não acredito, você não está bebendo? Hoje não, vou beber refrigerante.

Lembra quando citei nos capítulos anteriores sobre ser protagonista da sua vida? A coragem de falar "não" faz parte desse processo.

Ao abraçar essa coragem, você também inspira aqueles ao seu redor a fazerem o mesmo. Cria-se um ambiente no qual as pessoas se sentem seguras para expressar suas verdadeiras vontades e limites. Isso enriquece as relações e promove uma cultura de respeito e autenticidade.

Dizer "não" não significa fechar portas, mas sim abrir espaço para oportunidades que realmente ressoam com quem você é. É um ato de coragem que empodera e liberta. Então, da próxima vez que se sentir pressionado a dizer "sim" quando não quiser, lembre-se: você tem o direito e a capacidade de escolher — e nessa escolha reside a verdadeira liberdade. Aprender a dizer "não" é um passo fundamental na jornada do autoconhecimento e do autocuidado. É a chave para viver uma vida mais autêntica, alinhada com seus verdadeiros desejos e necessidades. E isso, caro leitor, é um ato de coragem que vale a pena cultivar todos os dias.

"

Quando você diz NÃO a algo que não está alinhado com seus valores ou que ultrapassa sua capacidade, está dizendo SIM para si mesmo.

Demonstrar a coragem de dizer não é uma expressão profunda de assertividade e respeito próprio. Ao reconhecer e comunicar claramente os próprios limites, fortalecemos relações mais saudáveis e autênticas. Mais do que uma simples recusa, é uma virtude que reforça a integridade e a autonomia, permitindo que cada indivíduo viva de forma coerente com seus valores e necessidades genuínas.

15

A CORAGEM PARA VENDER

Você já parou para pensar que todos nós somos vendedores, mesmo que sua profissão não esteja diretamente ligada a vendas? De todas as minhas habilidades, a que mais aperfeiçoei ao longo dos anos e que mais impulsionou meu crescimento foi a arte de vender.

Pense comigo: quando você se senta diante de um chefe para pedir uma promoção, está "vendendo" seu potencial e suas realizações. Quando convence um amigo a assistir ao filme que você adorou, está "vendendo" a ideia de que aquela experiência vale a pena. Até mesmo quando tenta persuadir seus pais a apoiarem um novo projeto de vida, você está apresentando argumentos para que eles "comprem" sua visão. Por isso, entender e desenvolver a coragem de vender não é apenas para quem quer ser um grande vendedor profissional, mas para qualquer pessoa que busca se comunicar com mais segurança, persuadir com naturalidade e ampliar o alcance das próprias ideias.

Ainda que você não se considere um vendedor nato, este capítulo também é para você. E se pensa em pular esta leitura porque não gosta de vendas, te convido a ler sobre a coragem de vender na condição de comprador, conhecendo os conceitos e as estratégias do outro lado.

Vender é, para muita gente, um desafio intimidador. É comum ouvirmos frases como "Não levo jeito", "Tenho vergonha" ou "Detesto sentir que estou empurrando algo para alguém". Mas deixa eu te contar um segredo: vender não é pressionar, nem persuadir à força. Vender é conectar-se, compreender a necessidade do outro, oferecer soluções e, acima de tudo, ter a coragem de apresentar aquilo que você tem de melhor.

Quando digo "coragem", não estou falando da bravura de um super-herói, mas sim da sua força interior, aquela que você acessa quando decide acreditar no seu trabalho, no seu produto ou serviço. A coragem de vender está na disposição de se colocar em evidência, de afirmar com convicção: "Eu posso te ajudar, confie em mim" — mesmo sabendo que pode receber um "não". E o "não" é um dos maiores temores de quem vende, seja um produto, um serviço ou uma ideia. Muitos o interpretam como um sinal de fracasso, como se cada recusa fosse uma prova de incompetência. Mas, se você parar para pensar, o "não" é apenas uma resposta, não um julgamento definitivo. Ele não determina seu valor, nem significa que sua oferta não tem mérito. Pode ser que o cliente não esteja no momento certo, que ainda não compreenda totalmente sua proposta ou que simplesmente não tenha essa necessidade agora.

A coragem de vender nasce quando você entende que o "não" faz parte do jogo. Pense bem: quantas oportunidades incríveis já foram desperdiçadas por medo de uma recusa? O "não" não encerra possibilidades; ao contrário, pode ser um convite para aprimorar sua abordagem, refinar sua estratégia e direcionar seus esforços para as pessoas certas.

Quando iniciamos as atividades da Ôguen, eu tinha plena convicção de que vender os radares israelenses de segurança perimetral seria uma tarefa fácil, considerando todos os relacionamentos que eu havia construído ao longo de mais de vinte e

A CORAGEM PARA VENDER

cinco anos atuando no mercado de segurança. No entanto, a realidade foi diferente: recebi dezenas de "nãos" antes do primeiro "sim". Cada recusa vinha acompanhada de objeções e aprendizados, que superamos dia após dia, com resiliência, até nos tornarmos líderes e referência nesse segmento no país.

Entender a necessidade do outro

Um dos segredos para vender com coragem é parar de focar apenas em si mesmo e começar a enxergar o outro. Do que essa pessoa realmente precisa? Qual problema deseja solucionar? Como sua oferta pode facilitar a vida dela? Quando você coloca a necessidade do cliente — seja ele um líder, um colega, um amigo ou um familiar — no centro da conversa, a venda deixa de ser um processo de convencimento e passa a ser um ato de empatia.

Coragem também significa abandonar a crença de que você está incomodando. Se realmente acredita no valor do que tem a oferecer — seja um produto, uma solução ou uma ideia — por que não dar às pessoas a chance de conhecer algo que pode melhorar seus dias? Pense nisso: se o que você oferece tem um impacto positivo real, apresentá-lo ao cliente pode ser, inclusive, um dever.

A autoconfiança como alicerce

Vender exige que você acredite em si mesmo. Pense no seguinte: você daria crédito a alguém que não demonstra convicção na própria ideia? Provavelmente não. A coragem de vender está diretamente ligada à sua confiança, tanto em relação ao que você apresenta, quanto em relação a você mesmo.

Lembre-se dos feedbacks positivos, das vezes em que entregou um bom resultado, dos momentos em que recebeu um elogio sincero. Essas memórias reforçam o seu valor e sua capacidade. **Quando você sabe que aquilo que oferece — seja um novo projeto na empresa, uma perspectiva diferente num debate ou um serviço que resolve um problema — tem relevância e impacto positivo, fica mais fácil falar com convicção.**

Técnicas e emoção na medida certa

Muita gente acha que vender é ter um script pronto, cheio de técnicas. Sim, elas ajudam. Saber se comunicar bem, ouvir mais do que falar, entender o momento certo de apresentar o argumento, tudo isso é importante. **Mas a verdadeira coragem de vender vem do equilíbrio entre técnica e humanidade.**

Use as técnicas como ferramentas de apoio, mas não como uma muleta. Mantenha sua autenticidade. Seja claro e sincero para que o outro se sinta à vontade. **Pessoas compram de pessoas, não de robôs.** E isso vale para vender uma ideia em uma reunião, uma opinião num grupo de amigos ou um projeto aos seus superiores.

A alegria de ajudar

A maior recompensa de vender com coragem é ver o impacto positivo na vida do outro. Pense na satisfação de quem foi convencido pelo seu ponto de vista e percebeu os benefícios disso. Essa sensação é extremamente motivadora. **Cada ação**

de venda corajosa que você realiza fortalece a conexão entre o seu talento e a necessidade do outro.

Esse é o círculo virtuoso da coragem: você se coloca no mundo, recebe alguns "nãos", aprende, ajusta, e encontra quem valoriza o que você oferece. Pessoas satisfeitas indicam seu trabalho, sua ideia ganha força e seu impacto se multiplica. Assim, vender não é apenas uma transação, mas um ato de transformação mútua.

Dicas práticas para nutrir a coragem de vender

Reconheça seu valor: Liste o que torna sua ideia, produto ou argumento especial. Relembre conquistas e elogios.

Pratique a empatia: Antes de falar, ouça. Entenda o mundo da outra pessoa.

Celebre cada passo: Não espere apenas pelo "sim" final. A jornada de conectar e dialogar já é valiosa.

Encare o "não" como aprendizado: Não se abata, analise o que pode melhorar e siga em frente.

Seja autêntico: Não copie um estilo que não é o seu. A coragem de vender é também a coragem de ser você mesmo.

Quando você desenvolve a coragem de vender, percebe que não precisa agradar a todos, nem temer se posicionar. Você se liberta do medo da rejeição e foca no que realmente importa: gerar valor, construir relações e ajudar as pessoas a reconhecerem o que você tem de melhor a oferecer. Essa mentalidade se aplica a todas as áreas da vida. A coragem de vender é, antes de tudo, a coragem de acreditar em suas ideias, em sua capacidade de persuadir, inspirar e impactar positivamente o mundo ao seu redor. É a coragem de se posicionar com confiança,

PASSO DO GIGANTE

compreendendo que cada "não" é apenas um degrau que o aproxima do próximo "sim".

Portanto, respire fundo e lembre-se: vender é um ato de coragem, mas não um salto no escuro sem preparação. É um passo estratégico, sustentado pela convicção de que aquilo que você oferece tem valor. Seja ao propor um novo projeto na empresa, defender sua opinião em um debate ou demonstrar seu valor em um processo seletivo, a coragem de vender pode transformar sua trajetória e impactar positivamente aqueles ao seu redor.

"

A coragem de vender é a força de acreditar em suas ideias, em sua capacidade de persuadir, inspirar e causar impacto.

Demonstrar a coragem de vender é reconhecer o valor do que se tem a oferecer, superando medos e inseguranças para criar conexões entre necessidades e soluções. Ao expor
nosso trabalho ao olhar crítico dos outros,
lidamos com a incerteza e o julgamento, con-
vertendo desafios em oportunidades.

Mais do que uma transação comercial, vender
é um ato de confiança no próprio potencial, de
abertura ao diálogo e de disposição para
construir relações autênticas, pautadas na
reciprocidade e no benefício mútuo.

16
A CORAGEM PARA INOVAR

Sabe aquela sensação de frio na barriga, ansiedade, nervosismo, excitação, inquietação quando surge uma ideia que pode mudar tudo? Aquela mistura de empolgação e medo que quase nos paralisa? Pois é, a coragem para inovar nasce exatamente desse sentimento: lançar-se no desconhecido com a esperança de criar algo melhor, diferente, transformador.

O medo do novo

Desde pequenos, somos ensinados a seguir caminhos seguros: "Não mexa aí", "Não faça isso", "Isso sempre foi feito assim". A zona de conforto, que prefiro chamar de "zona de conformismo", é, de fato, confortável. Mas é fora dela que a magia acontece. Inovar exige coragem, porque significa desafiar o *status quo*, enfrentar críticas e, muitas vezes, lidar com o fracasso.

Muitos colegas que ingressaram em empresas tradicionais já me disseram que tiveram ideias capazes de otimizar recursos e melhorar processos. Eles percebiam claramente o potencial e reclamavam da forma convencional de realizar determinadas tarefas, mas o receio das possíveis consequências os impediu de agir. "E se não der certo?", "Melhor não me meter", "Nem é do meu departamento", "Alguém já deve ter visto isso", "Não sou pago para isso", "Quem sou eu para propor algo assim?". Essas dúvidas internas são comuns — infelizmente, a maioria das pessoas pensa e age dessa forma.

A jornada do inovador

Inovar não é um ato isolado, é uma jornada. **Requer disposição para aprender, ouvir, testar e, sim, errar.** Grandes invenções e avanços nasceram de tentativas e erros. Thomas Edison, ao ser questionado sobre suas falhas ao inventar a lâmpada, respondeu: **"Eu não falhei, apenas descobri dez mil maneiras que não funcionam".**

A inovação não acontece por acaso e não depende apenas de grandes ideias: ela surge de uma postura ativa diante dos problemas e da habilidade de enxergar oportunidades antes que se tornem óbvias. **A proatividade, nesse sentido, é o combustível que alimenta a coragem de inovar.** Ao se antecipar aos obstáculos, pesquisar soluções, testar protótipos e buscar parcerias, você assume o controle do processo criativo, em vez de aguardar que as condições externas sejam ideais. É a atitude de quem não espera a "tábua de salvação" cair do céu, mas que decide arregaçar as mangas para construir o próprio barco e navegar rumo a novas possibilidades.

A coragem de inovar está em abraçar o processo, não apenas o resultado. Cada etapa, por mais desafiadora que seja, faz parte de um aprendizado maior. Mesmo os passos que parecem retroceder são fundamentais na construção de algo novo e significativo.

Os dois caminhos da inovação: radical e incremental

Quando pensamos em inovação, é comum imaginarmos mudanças revolucionárias capazes de transformar completamente a maneira como vivemos. Mas a inovação ocorre de duas formas principais: incremental e radical — e ambas são essenciais para o progresso. A **inovação incremental** aprimora o que já existe. São pequenos ajustes, melhorias contínuas que, somadas, geram impactos significativos ao longo do tempo. Pense nas atualizações de software que corrigem falhas, aprimoram funcionalidades e adicionam novas ferramentas; ou nas pequenas mudanças em um produto que aumentam sua eficiência e atratividade.

A coragem nesse caso está em não se acomodar com o "bom o suficiente". É manter um olhar atento para identificar oportunidades de melhoria, mesmo que sutis, e ter a determinação para implementá-las. A inovação incremental nos ensina que a excelência não é um ponto de chegada, mas uma busca constante.

Você já percebeu como algumas empresas impactaram nosso cotidiano, não ao criar algo inédito, mas ao reinventar o que já existia? O Google é um exemplo perfeito disso. Não foi o primeiro mecanismo de busca da internet, mas revolucionou esse conceito. Lembra quando navegar na internet era um processo lento e frustrante? O Google surgiu com uma proposta simples: entregar resultados relevantes de forma rápida e eficiente. Não inventaram a busca online, mas a tornaram muito melhor. E hoje, "dar um Google" virou sinônimo de encontrar respostas para quase tudo.

Outro caso interessante de inovação incremental é o McDonald's. A rede não foi a primeira a vender hambúrgueres, mas revolucionou a experiência de comer fora. Introduziram o

PASSO DO GIGANTE

conceito de *fast-food* em escala global, padronizando processos e garantindo que um Big Mac tivesse o mesmo sabor em qualquer parte do mundo. Transformaram um simples sanduíche em uma refeição acessível, rápida e padronizada, atendendo milhões de pessoas diariamente.

Pense também na Apple. Antes do iPod, já existiam tocadores de MP3. Mas ela combinou design sofisticado, interface intuitiva e o iTunes para tornar o consumo de música digital mais acessível e organizado. Não criaram o MP3 player, mas reinventaram a forma como ouvimos música, tornando-a uma experiência fluida e integrada.

O Facebook também não foi a primeira rede social, mas se destacou ao oferecer uma plataforma mais intuitiva e interativa. Criou um espaço onde podemos compartilhar momentos, manter contato com amigos distantes e construir comunidades em torno de interesses comuns, transformando o ato de se conectar em um hábito diário.

E o que dizer da Starbucks? Cafeterias sempre existiram, mas a marca elevou o ato de tomar café a um novo patamar. Criaram um ambiente acolhedor, com opções personalizadas e um atendimento que transforma uma simples pausa para o café em uma experiência diferenciada e reconfortante, mesmo no ritmo acelerado da cidade.

Essas empresas nos mostram que nem sempre é preciso inventar algo novo para causar um impacto profundo. Às vezes, a inovação está em olhar para o que já existe e perguntar: *Como posso aprimorar isso? Como posso tornar essa experiência mais significativa para as pessoas?*

A lição aqui é que a inovação incremental também possui um enorme potencial transformador. **Trata-se de aperfeiçoar, reinventar e melhorar continuamente. Significa compreender as necessidades do público e entregar**

valor progressivo. Quem sabe, aquela ideia que você tem em mente, aquele pequeno ajuste em algo que já existe, não seja o próximo grande sucesso? **Lembre-se: não se trata sempre de ser o primeiro, mas de ser o melhor em atender às necessidades do mercado.**

Então, da próxima vez que você se inspirar em algo que já existe, pense em como pode aprimorá-lo. Esse pode ser o caminho para deixar sua marca, seja dentro da empresa onde trabalha, em seu próprio negócio ou até mesmo em sua vida pessoal. Se outras pessoas conseguiram, por que não você?

Por outro lado, temos a **inovação radical**, que rompe completamente com o que conhecemos. **Ela é disruptiva, cria novos mercados ou transforma os existentes.** Exemplos incluem a invenção do avião, que revolucionou o transporte ou o surgimento da internet, que redefiniu a comunicação global.

A coragem de perseguir uma inovação radical significa desafiar o desconhecido em sua essência. Envolve riscos maiores, resistência significativa e, muitas vezes, exige questionar fundamentos consolidados há décadas. É preciso convicção na visão e resiliência para enfrentar o ceticismo e os obstáculos inerentes às grandes mudanças.

Você já parou para pensar em como certas ideias modificaram completamente a forma como vivemos? Parece que foi ontem que precisávamos ir ao banco para resolver qualquer pequena questão financeira, alugávamos filmes na locadora da esquina, consultávamos mapas de papel para encontrar um endereço desconhecido ou esperávamos pacientemente por um táxi que nunca chegava. Então, de repente, surgem empresas como Nubank, Netflix, Waze, Uber.

A Netflix não apenas revolucionou a maneira como consumimos entretenimento, mas também redefiniu nossos hábitos.

PASSO DO GIGANTE

Antes era necessário esperar uma semana inteira para assistir ao próximo episódio da nossa série favorita na TV. Agora, com um simples clique, temos temporadas inteiras à nossa disposição, prontas para serem maratonadas no conforto de casa. Isso não é apenas conveniência; é autonomia de escolha — a liberdade de decidir como e quando queremos nos entreter.

O Waze transformou nossa relação com o trânsito. Quem nunca se perdeu durante um trajeto ou ficou preso por horas em um congestionamento interminável? Com o Waze, temos não apenas um GPS, mas uma rede colaborativa de motoristas compartilhando informações em tempo real. É como ter um amigo ao lado dizendo: "Evite essa rua, há um acidente mais à frente". Menos estresse, mais tempo para o que realmente importa.

Lembra quando pegar um táxi significava longas esperas e, em alguns casos, até atendimentos ruins? O Uber chegou para oferecer alternativas mais acessíveis e humanizadas ao transporte urbano. Com ele, sabemos quem será o motorista, qual será o valor da corrida e quanto tempo levará para chegar. Mais do que um serviço, é conveniência, confiança e segurança na palma da mão. Não podemos deixar de falar do Nubank, que revolucionou o setor bancário no Brasil. Quem nunca enfrentou filas intermináveis no banco, lidou com taxas abusivas e se perdeu na burocracia? O Nubank chegou com uma proposta simples: descomplicar a vida financeira das pessoas. Com um cartão sem anuidades, atendimento intuitivo e funcionalidades acessíveis diretamente pelo celular, ele democratizou o acesso a serviços bancários de qualidade. É como se um amigo entendesse nossas dores e dissesse: "Deixa comigo, eu resolvo isso para você". Menos burocracia, mais controle sobre o próprio dinheiro.

Outras ideias disruptivas seguiram o mesmo caminho. O Airbnb transformou a maneira como viajamos, permitindo que nos hospedemos em locais autênticos e vivenciemos culturas locais de forma mais imersiva. O iFood e outros aplicativos de entrega redefiniram nossa relação com a alimentação, trazendo nossos pratos favoritos até a porta de casa com poucos toques na tela do celular.

O que todas essas inovações têm em comum? **Elas colocaram as pessoas no centro de suas estratégias.** Usaram a tecnologia não como um objetivo final, mas como um meio para conectar, facilitar e enriquecer nossas vidas. Criaram não apenas produtos, mas experiências que impactam, que solucionam dores que talvez nem soubéssemos que tínhamos. E aqui está a grande lição: **a verdadeira inovação nasce da empatia, da capacidade de se colocar no lugar do outro e perguntar. "Como posso tornar a vida dele melhor?".** Quando entendemos isso, vemos que o potencial para transformar o mundo não está restrito a grandes corporações ou gênios visionários; ele está dentro de cada um de nós. Talvez a próxima ideia disruptiva já esteja dentro de você, apenas aguardando a oportunidade certa para ganhar vida.

Então, da próxima vez que usar um desses serviços, lembre-se: por trás de cada um deles, houve alguém que ousou pensar diferente, que acreditou no potencial de uma ideia e que, com isso, redefiniu padrões e impactou o mundo. Se eles conseguiram, por que você não poderia também?

Qual escolher?

A verdade é que ambas as formas de inovação são importantes e frequentemente coexistem. Enquanto as inovações incrementais garantem a competitividade e impulsionam a evolução contínua das empresas, as inovações radicais podem levá-las a um novo patamar ou até mesmo criar mercados inteiramente novos.

Quando criamos o Seg Summit, inicialmente era uma inovação incremental: uma versão aprimorada do Congresso de Segurança Eletrônica. Mas, ao somarmos a expertise dos três sócios e aprofundarmos a proposta de valor, percebemos o potencial para algo muito maior, capaz de transformar o nosso setor. Foi então que decidimos criar o primeiro Summit do mercado de segurança do país. Isso ocorreu após a criação do CT Hub, o primeiro centro de exposições permanente do setor, que também introduziu o primeiro podcast especializado, um canal próprio, coworking, treinamentos e a visão de comunidade e ecossistema.

A coragem de decidir

Escolher entre inovação incremental e radical não é simples. A decisão envolve a análise de recursos, cultura organizacional, comportamento do mercado e, principalmente, o nível de tolerância ao risco.

Para a inovação incremental:

Menor risco imediato: As mudanças ocorrem de forma gradual e são mais facilmente aceitas internamente e pelo mercado.

Feedback rápido: A possibilidade de testar e ajustar rapidamente permite um aprendizado constante.

Manutenção da base atual: Como as transformações não são abruptas, a adaptação torna-se mais fluida para consumidores e colaboradores.

Para a inovação radical:

Alto potencial de retorno: Se bem-sucedida, pode posicionar a empresa na liderança do mercado.

Criação de novos mercados: Abre oportunidades para atender às necessidades inexploradas ou gerar novas demandas.

Diferenciação significativa: Torna-se um fator competitivo relevante, destacando a empresa da concorrência.

A coragem está em avaliar de maneira realista a situação e decidir qual caminho seguir, com a consciência de que cada escolha traz desafios e recompensas próprias.

Superando barreiras internas e externas

Independentemente do tipo de inovação, uma coisa é certa: as dificuldades existirão. Internamente, o receio do fracasso, a resistência às mudanças e o conforto com o *status quo* são obstáculos recorrentes. Externamente, podem surgir limitações de recursos, concorrência acirrada e um mercado ainda despreparado para absorver novas soluções.

Para superar essas barreiras:

Cultive a mentalidade de crescimento: Encare desafios como oportunidades de aprendizado, evitando enxergá-los como obstáculos intransponíveis.

Comunique a visão claramente: Especialmente em inovações radicais, é essencial que todos compreendam o propósito, o impacto potencial e os benefícios da mudança.

Busque apoio estratégico: Firmar parcerias com investidores, parceiros de mercado ou instituições acadêmicas pode fornecer recursos essenciais e conhecimento especializado.

Prepare-se para a adversidade: Desenvolva planos de contingência e mantenha a flexibilidade para ajustar a rota sempre que necessário.

A importância das pessoas e do time

Nenhuma inovação acontece sozinha. O engajamento e o alinhamento da equipe com a visão do projeto são fundamentais para transformar ideias em realidade.

Diversidade de pensamento: Reúna pessoas com habilidades complementares e diferentes perspectivas. Isso enriquece o processo criativo e aprimora a solução de problemas.

Ambiente de confiança: Crie um espaço seguro, onde todos se sintam confortáveis para compartilhar ideias, sem medo de julgamentos.

Reconhecimento e incentivo: Valorize as contribuições individuais e coletivas e celebre cada conquista, por menor que seja.

O comercial como combustível da inovação

Levar uma inovação ao mercado é tão crucial quanto desenvolvê-la.

Entenda profundamente o cliente: As necessidades, os desejos e desafios do público-alvo devem guiar o desenvolvimento e a evolução da inovação.

Eduque o mercado: Inovações radicais exigem preparação e conscientização do público. Esclareça benefícios, aplicações e diferenciais competitivos. Na Ôguen Tecnologias, essa necessidade tornou-se tão evidente que afirmei ao meu sócio, à equipe e ao mercado: "Mais do que uma empresa de tecnologia disruptiva, logística e representação de fabricantes israelenses, somos uma empresa de educação". A partir dessa visão, criei um departamento estratégico com a missão de educar clientes e parceiros sobre as soluções inovadoras que oferecemos.

Adapte a estratégia de vendas: Abordagens tradicionais podem não ser eficazes. Experimente novas formas de apresentar, demonstrar e distribuir sua inovação.

Como exemplo prático, introduzimos o conceito de "minas terrestres eletrônicas" e o de Segurança Perimetral 3D na Ôguen. Isso nos permitiu posicionar sensores sísmicos, radares de segurança perimetral, drones, antidrones e até serviços de satélites israelenses em órbita como soluções essenciais para as maiores empresas do Brasil. O resultado? Faturamento de dezenas de milhões de reais anuais e um impacto significativo na proteção de pessoas e negócios em todo o país.

Dicas práticas para ter a coragem de inovar

Mantenha-se informado: Esteja atento às tendências, tecnologias emergentes e às mudanças no mercado.

Fomente a cultura de inovação: Incentive ideias de todos os níveis da organização. Grandes insights podem surgir de onde menos se espera.

Arrisque-se de forma calculada: Avalie os riscos, mas não permita que o medo o imobilize ou impeça de avançar.

Aprenda com o fracasso: Veja os erros como parte do processo e use cada experiência para fortalecer futuras iniciativas.

PASSO DO GIGANTE

A recompensa da coragem

Inovar é desafiante, mas as recompensas podem ser transformadoras. Além do sucesso financeiro, há a satisfação de contribuir para o avanço da sociedade, de melhorar vidas e deixar um legado.

Ter criado a empresa K Bus e revolucionado a forma de analisar imagens do interior de ônibus, ainda na era analógica, com a primeira central de análise de imagens embarcadas do país, me mostrou o impacto e o valor recompensador da inovação.

Ter criado o primeiro console de operações para organização de comandos e controles de portarias de prédios comerciais e residenciais, na época por meio de uma empresa de integração, trouxe um diferencial competitivo e um crescimento expressivo aos negócios, superando todas as expectativas.Outra inovação que me rendeu reportagens em emissoras de televisão de alcance nacional, matérias em jornais de grande circulação e até uma entrevista para a revista Playboy foi a aplicação de tecnologia no futebol. Utilizando soluções que eu conhecia da área de segurança, desenvolvemos um sistema de gestão tática e estratégica para times como Corinthians, Santos, Cruzeiro, Internacional, Vitória, Seleção Brasileira e Seleção da Arábia Saudita. Ter tido a oportunidade de estar nas concentrações com os jogadores, participar dos bastidores, acessar os camarotes restritos dos maiores estádios, fazer parte da delegação da Seleção Brasileira ao lado dos meus ídolos, foi uma experiência disruptiva e transformadora.

Criar o projeto *Mergulhando na Vida*, que utiliza ensinamentos do mergulho aplicados à vida pessoal e aos negócios, resultou em vídeos que viralizaram na internet e impactaram milhares de pessoas e empresas. Essa inovação representou um marco importante na minha trajetória, ampliando a geração de autoridade, notoriedade e novas parcerias. Quando trouxemos para o Brasil o primeiro Radar de Segurança Perimetral de tecnologia israelense, a reação inicial foi de surpresa e muito ceticismo — inclusive de amigos, consultores e profissionais com quem eu já trabalhava há anos. Mas, com persistência, trabalho e consistência, o mercado começou a abraçar a novidade. Ver algo que começou como uma ideia ousada — desacreditada por muitos — se tornar realidade e um case de sucesso mundial foi uma das experiências mais gratificantes e impactantes, tanto profissionalmente quanto em termos de prosperidade financeira.

O legado da inovação

A coragem de inovar, seja de maneira incremental ou radical, é o que impulsiona o mundo adiante. É a crença de que sempre há uma maneira mais eficiente, funcional ou significativa de transformar a realidade. Então, se você tem uma ideia — independentemente do tamanho ou complexidade —, dê a ela a chance de florescer. Encare os desafios com resiliência e não se deixe desmotivar pelos obstáculos naturais do processo inovador.

O mundo precisa de inovadores, de pessoas que, como eu e você, estejam dispostas a romper padrões, desafiar modelos estabelecidos e criar novas possibilidades. Inovar exige coragem. É essa coragem que nos impulsiona a superar limites, questionar velhos paradigmas e construir um futuro melhor. Não tenha receio do desconhecido; acolha-o. É nele que residem as oportunidades capazes de transformar realidades.

"A verdadeira inovação nasce da empatia, da capacidade de se colocar no lugar do outro e perguntar: como posso tornar a vida dele melhor?

Exercer a coragem de inovar é uma demonstração de criatividade, visão e ousadia, desafiando o padrão estabelecido. Ao propor novas perspectivas e soluções, expandimos os horizontes do conhecimento e abrimos caminhos para o progresso. Mais do que implementar mudanças, é uma virtude que reflete a capacidade humana de conceber o inédito, superando medos e incertezas para transformar a realidade.

17
A CORAGEM PARA EDUCAR OS FILHOS

Começo este capítulo com imenso orgulho, após os inúmeros elogios que eu e minha esposa recebemos e continuamos recebendo, ao longo dos anos, de amigos e familiares que têm ou tiveram a oportunidade de conviver com meus filhos, hoje adultos e exemplos de cidadãos.

"Como são educados estes meninos", "como são atenciosos e interagem com as visitas, apesar de adolescentes", "como se comportam bem", "os meus ficam isolados com o celular e no máximo passam para dar um boa-noite", "como são inteligentes", "como são esforçados", "como são estudiosos"...

No final, a educação é um dos maiores presentes que os pais podem dar aos filhos. Ela transmite conhecimento, desenvolve habilidades e fortalece valores essenciais para que levem uma vida plena, contribuam para a sociedade e alcancem a felicidade.

> A coragem de educar os filhos envolve enfrentar esses desafios, assumir riscos e abraçar novas abordagens e aprendizados. Requer paciência, empatia, vontade de aprender e crescer junto com eles.

A CORAGEM PARA EDUCAR OS FILHOS

E não pense você que foi fácil para mim e para minha esposa e guardiã do nosso lar. Olhando para trás percebo a quantidade de erros que poderia ter evitado e de ações que certamente faríamos diferente. Mas o momento hoje é outro. Na época, nossa missão era garantir o sustento e proporcionar a melhor educação possível aos nossos filhos, empreendendo por necessidade, sem férias, sem finais de semana, com acesso restrito ao conhecimento e à educação. Não havia redes sociais, YouTube, cursos on-line, mentorias, masterclasses ou qualquer outra ferramenta digital amplamente acessível. A internet ainda era discada, com pouquíssimas funcionalidades comparadas ao cenário atual. Na época, minha esposa não conseguiu retornar ao trabalho externo após a licença-maternidade do nosso primogênito, assumindo integralmente o cuidado do lar e a criação dos filhos. A mim coube buscar alternativas para sustentar todas as despesas, já que não tínhamos patrimônio nem apoio financeiro familiar. Era um tempo em que a geração de renda e ascensão social proporcionadas pelo meio digital não existiam, assim como o home office ou o trabalho remoto eram absolutamente escassos se comparados ao cenário atual. Ao mesmo tempo, alguém poderia argumentar que naquela época era mais fácil educar os filhos, sem a influência constante de conteúdos inadequados acessíveis a um clique, sem a exposição excessiva nas redes sociais, sem celulares com telas sensíveis ao toque. Mas lembre-se de que também não havia conteúdos infantis sob demanda para distração, pedidos de medicamentos on-line, consultas remotas, acesso facilitado a brinquedos e acessórios importados e todas as demais conveniências do mundo atual. A verdade é que cada época tem seus desafios e facilidades, e como diz o ditado popular: *Mar calmo nunca fez bom marinheiro.*

Nós enfrentamos juntos muitas tempestades que fortaleceram e moldaram nossa família, forjados no fogo das dificuldades e escolhas que fizemos naquele contexto. Os aprendizados, somados à experiência de vida e ao compromisso contínuo com a atualização, me permitem compartilhar com você, leitor, as dicas e reflexões deste capítulo.

Outro ponto importante é que várias lições sobre a coragem de educar os filhos são atemporais e merecem ser registradas e compartilhadas, pois continuarão relevantes, independentemente de quando você estiver lendo este livro. Sei que criar filhos é uma tarefa desafiadora e, muitas vezes, assustadora, mas também é uma das experiências mais gratificantes da existência humana. Como pais, somos moldadores de futuros, guardiões de sonhos e construtores de caráter. Em meio a tantas responsabilidades, é essencial encontrar maneiras práticas e empáticas de guiar nossos filhos nesta jornada. Por isso, compilei algumas diretrizes e sugestões que podem fazer a diferença no seu caminho como pai ou mãe.

Ensine pelo exemplo

As ações falam mais que as palavras. Crianças observam e imitam o comportamento dos pais. Seja a referência que deseja para seus filhos.

Se você deseja que seu filho seja respeitoso e empático, demonstre esses valores em suas próprias interações no dia a dia. Trate todos ao seu redor com gentileza e respeito, seja honesto, seja ético, demonstre carinho e atenção à família, seja educado, valorize o dinheiro e evite gastos desnecessários. Seu filho aprenderá pelo exemplo. Em outras palavras, seja o modelo de comportamento que deseja ver refletido nele.

> **Filhos não seguem conselhos, só exemplos.**

As crianças são como esponjas: absorvem tudo ao seu redor, especialmente os comportamentos dos pais.

Escute com o coração

Ouvir verdadeiramente nossos filhos é a base de qualquer relacionamento saudável. Isso significa prestar atenção não apenas às palavras, mas também aos sentimentos por trás delas.

Reserve um tempo diário para conversar com seus filhos sem distrações. Em vez de perguntas genéricas: "Como foi seu dia?", procure citar detalhes sobre suas atividades, interações e sentimentos. Isso evita respostas automáticas como "Foi bom" ou "Foi normal" e incentiva um diálogo mais profundo. Pratique a escuta ativa, demonstrando interesse genuíno no que seu filho tem a dizer. Essa abordagem fortalece a confiança e cria uma conexão emocional essencial para o desenvolvimento da criança.

> **Escutar com o coração e com atenção verdadeira é a chave para compreender o mundo interior dos nossos filhos.**

Elogie esforços, não apenas resultados

Reconhecer o esforço e a dedicação é tão importante quanto celebrar conquistas, especialmente na fase de construção da personalidade. Isso ajuda a desenvolver uma mentalidade de crescimento e resiliência, sem perder o foco na evolução dos resultados.

No ambiente corporativo, os colaboradores são remunerados pelo resultado, pois já foram contratados com as habilidades técnicas e emocionais necessárias. No entanto, no processo de aprendizado e evolução das crianças, valorizar apenas o resultado sem reconhecer o esforço pode ser prejudicial ao seu desenvolvimento emocional e humano.

Assim, quando seu filho se esforça genuinamente em uma tarefa, elogie não apenas o resultado, mas também a dedicação e o trabalho duro. Diga algo como: "Estou muito orgulhoso do quanto você se empenhou nisso!". O processo é tão importante quanto a conquista.

Segundo Robert Collier, "O sucesso é a soma de pequenos esforços repetidos dia após dia". Em uma sociedade marcada por comparações nas redes sociais, é fácil cair na armadilha de medir nossos filhos a partir de exemplos de crianças superdotadas ou gênios, ignorando suas individualidades. Essa comparação pode gerar cobranças desproporcionais e comprometer o desenvolvimento saudável deles.

Estabeleça limites com amor

Definir limites claros é essencial para o desenvolvimento saudável das crianças, mas esses limites devem ser estabelecidos com amor e compreensão.

A CORAGEM PARA EDUCAR OS FILHOS

Explique as regras da casa e as consequências de forma clara e gentil. Por exemplo, se houver um limite de tempo de tela, esclareça os motivos e sugira atividades alternativas que possam ser divertidas e educativas.

Limites bem definidos, sustentados pelo afeto, criam um ambiente seguro para o crescimento.

Na palestra "Educando seus filhos", do querido palestrante, escritor, psicólogo clínico, mestre em saúde coletiva e doutor em psicanálise Rossandro Klinjey, ele alerta para a diferença entre conquistar o amor e conquistar o respeito dos filhos. Klinjey, que já dividiu comigo o palco do congresso mencionado no início deste livro, defende que muitos pais atualmente se preocupam mais em ser amados do que respeitados pelos filhos. Isso pode levar a uma série de problemas no desenvolvimento e no comportamento das crianças. Ele enfatiza que estabelecer disciplina e limites é uma das mais genuínas formas de demonstrar amor.

Em uma experiência pessoal, Klinjey conta que, após um comportamento inadequado, ameaçou não falar mais com sua mãe por uma semana — e ela, em resposta, ficou um mês sem falar com ele. Esse tipo de atitude, embora difícil, ensina aos filhos a importância de respeitar os pais e compreender as consequências de suas ações.

Segundo Klinjey, os pais devem ser firmes e consistentes na aplicação de limites para que os filhos compreendam o valor do respeito e da responsabilidade. Uma das falhas na educação moderna é a busca excessiva dos pais por aprovação dos filhos. Klinjey observa que muitos frequentemente perguntam às crianças: "Você me ama?", em uma tentativa de obter validação emocional. **Embora o amor seja essencial, ele não deve ser cultivado à custa do respeito.** Para o palestrante, o respeito é o alicerce para a construção do caráter e da disciplina.

Cultive a autonomia com responsabilidade

Permitir que seus filhos tomem decisões e aprendam com seus erros é fundamental para o desenvolvimento da autonomia e autoconfiança. No entanto, é essencial que essa liberdade esteja acompanhada da noção de responsabilidade.

Encoraje seu filho a resolver problemas por conta própria antes de intervir. Se ele estiver com dificuldades em um dever de casa, ajude-o a encontrar a solução em vez de oferecer a resposta imediatamente. Mostre as consequências naturais de suas escolhas e ações, ensinando que toda decisão traz um impacto.

Pratique a gratidão

Ensinar a gratidão ajuda as crianças a apreciarem o que têm e a ser mais felizes e resilientes.

Crie o hábito de refletirem juntos diariamente sobre algo pelo qual são gratos. Esse momento pode ocorrer durante o jantar ou antes de dormir. Esse exercício simples contribui para o fortalecimento da consciência positiva e do senso de valorização das pequenas conquistas do dia a dia.

Valorize o tempo de qualidade

No mundo agitado de hoje, o tempo de qualidade tornou-se um dos bens mais valiosos para as famílias. Estar presente de forma genuína, sem distrações, faz toda a diferença.

Dedique um tempo exclusivamente para atividades juntos, afastando-se das telas e das interrupções tecnológicas. Pode ser um passeio no parque, uma noite de jogos de tabuleiro ou simplesmente uma conversa descompromissada.

A qualidade do tempo compartilhado tem mais impacto do que a quantidade de tempo disponível.

Fomente a resiliência através de desafios

Ensinar resiliência é preparar as crianças para enfrentarem adversidades com coragem e determinação. Permita que seus filhos experimentem desafios reais, desenvolvendo autonomia e aprendendo a encontrar soluções para os próprios problemas.

Quando seu filho enfrentar uma decepção, ajude-o a enxergar essa experiência como uma oportunidade de aprendizado. Converse sobre o que não funcionou e explore alternativas para futuras situações, fortalecendo sua capacidade de adaptação.

A resiliência não está na ausência de dificuldades, mas na capacidade de superá-las e aprender com elas.

Promova a empatia

A empatia é essencial para o desenvolvimento de relacionamentos saudáveis e para a construção de uma sociedade mais justa. Seu ensino começa no ambiente familiar. "Aprendi que as pessoas vão esquecer o que você disse, as pessoas vão esquecer o que você fez, mas as pessoas nunca esquecerão como você as fez sentir." (Maya Angelou).

Incentive seu filho a pensar sobre os sentimentos dos outros. Se ele magoar um amigo, oriente-o a considerar a perspectiva do outro e a pensar em formas de reparar a situação.

A empatia é a ponte que fortalece conexões e promove relações mais harmoniosas.

Celebre a individualidade

Cada criança é única e especial. Celebrar as diferenças e individualidades fortalece a autoestima e promove um desenvolvimento saudável.

Apoie os interesses e as paixões do seu filho, mesmo que sejam diferentes dos seus. Se ele gosta de arte, ofereça materiais e oportunidades para ele explorar essa paixão, demonstrando que você valoriza sua identidade e incentiva sua autonomia.

Ser autêntico é o maior presente que alguém pode oferecer ao mundo.

Desenvolva a mentalidade empreendedora

Incentive seus filhos a pensar de maneira criativa e a buscar soluções para os problemas que encontram. Projetos práticos e atividades que envolvam autonomia são oportunidades valiosas para desenvolver essas habilidades.

Encoraje seus filhos a participar de feiras de ciências, vender produtos artesanais ou planejar projetos em casa, estimulando a criatividade, a resiliência e a iniciativa.

Ensine o valor do trabalho e do dinheiro

Esse é um dos pilares da educação financeira e contribui para a construção da independência e responsabilidade. Introduza lições sobre economia, como poupança, planejamento orçamentário e investimentos. Ofereça pequenas tarefas remuneradas em casa para que seus filhos aprendam a relação entre esforço e recompensa. Use esses momentos para ensinar sobre a importância de administrar o dinheiro de forma consciente e equilibrada.

Eduque sobre a fé

Educar sobre a fé vai além de transmitir rituais ou doutrinas religiosas; trata-se de inspirar valores e fortalecer a conexão espiritual. A relação com Deus, independentemente da crença, se manifesta nas atitudes, na generosidade e no respeito ao próximo. Incentivar os filhos a orar, agradecer e reconhecer o sagrado no cotidiano os desperta para a empatia, o respeito pelas diferenças e a consciência de que somos responsáveis pelo bem-estar daqueles ao nosso redor. É um caminho para que percebam que, ao praticar atos de bondade, não estão apenas seguindo uma regra, mas tocando o coração do mundo com humanidade e esperança.

Meus dois filhos, após terem discernimento como adultos, seguiram caminhos religiosos distintos, mas prevaleceram os princípios do amor e da caridade que foram ensinados como base. Até hoje, no Evangelho no Lar que realizamos todos os domingos, há conexão, paz, gratidão, aprendizado e respeito às diferenças.

A importância da linguagem positiva na criação dos filhos

A maneira como falamos com nossos filhos influencia diretamente o desenvolvimento emocional, cognitivo e comportamental deles. Utilizar uma linguagem positiva é crucial, pois o cérebro humano processa comandos de forma mais eficaz quando são afirmativos. Essa abordagem aprimora a comunicação, fortalece a autoestima e contribui para o bem-estar emocional das crianças.

A questão cognitiva: o cérebro humano e o "não"

O cérebro humano tende a focar as palavras-chave de uma frase e muitas vezes ignora a palavra "não". Por exemplo, ao dizer "não corra", o cérebro pode se concentrar na ação de "correr" em vez de no comando para evitar o movimento. Isso ocorre porque nosso cérebro processa informações visuais e auditivas de modo que comandos negativos tendem a ser menos eficazes na transmissão da mensagem desejada. Quando damos comandos negativos, como "Não bata", a criança pode se concentrar na ação de "bater". Em vez disso, reformular o comando de forma positiva, como "toque suavemente", cria uma imagem mental clara da ação desejada.

Em vez de dizer:	Diga:
"não faça bagunça"	"mantenha seus brinquedos organizados"
"não corra"	"vá mais devagar"
"não grite"	"fale mais baixo, por favor"
"não faça assim"	"experimente fazer deste jeito"
"pare de reclamar"	"vamos encontrar uma solução juntos"
"não pule no sofá"	"fique sentado no sofá" ou "pule no chão"
"não bata"	"toque suavemente"

Focar o que você quer que seu filho faça, em vez do que não quer, reforça comportamentos positivos e ajuda na formação de bons hábitos. A linguagem positiva estimula a confiança da criança e fortalece sua percepção de competência, incentivando a autonomia e o desenvolvimento saudável. Um ambiente onde a comunicação se baseia em linguagem positiva torna-se mais acolhedor, menos crítico e mais propício ao fortalecimento da conexão entre pais e filhos.

Ao adotar a linguagem positiva na criação dos filhos, não apenas melhoramos a comunicação imediata, mas também contribuímos para a construção de uma visão de mundo mais otimista e proativa. Isso fortalece a relação emocional entre pais e filhos e cria um ambiente fundamentado no respeito, na confiança e no amor. **Pais não são amigos, são guias e educadores e têm o dever de preparar seus filhos para a vida.** Ao desenvolver a coragem de educar as crianças, você pode ajudá-las a atingir todo o seu potencial e construir um futuro sólido e promissor para elas.

Lembre-se de que não criamos nossos filhos para nós mesmos. Nossa missão é prepará-los para o mundo lá fora, para a vida, para que sejam felizes em sua própria jornada, fora da bolha do lar protegido e além do nosso alcance constante. Outro erro comum é tentar suprir, para nossos filhos, tudo aquilo que não tivemos na nossa infância. Buscamos oferecer-lhes o que nos faltou, mas, muitas vezes, esquecemos de reconhecer e replicar os valores e princípios que nos forjaram. É fundamental equilibrar a vontade de dar o que não tivemos com a necessidade de transmitir o que de melhor recebemos. Para finalizar este capítulo, compartilho com você, leitor, que minha missão como mentor, orientador e educador não terminou quando meus filhos se tornaram adultos. Tornei-me um conselheiro, um

PASSO DO GIGANTE

apoiador nos momentos de decisões difíceis, nos pontos de inflexão, nas dúvidas e incertezas, ajudando-os em suas escolhas. Além disso, permaneço como um torcedor assíduo do sucesso, da felicidade e da prosperidade de ambos.

"Dê a quem você ama: asas para voar, raízes para voltar e motivos para ficar." — Dalai Lama

> **Como pais, somos moldadores de futuros, guardiões de sonhos e construtores de caráter.**

Demonstrar coragem ao educar nossos filhos é um compromisso profundo que exige responsabilidade e amor incondicional. Ao orientá-los pelas complexidades da existência, transmitimos valores essenciais e experiências que moldam sua identidade e impactam diretamente o futuro da sociedade. Mais do que apenas ensinar, educar é uma virtude que expressa nosso papel fundamental na formação da próxima geração, enfrentando os desafios e incertezas inerentes ao desenvolvimento humano.

18
A CORAGEM PARA DIALOGAR

Você já se encontrou em uma situação em que preferiu guardar suas opiniões para si mesmo para evitar conflitos ou desconfortos? Talvez tenha optado pelo silêncio em vez de expressar o que realmente pensava, seja por medo de ser mal-interpretado ou simplesmente para evitar atritos. A verdade é que dialogar exige coragem — não a coragem de enfrentar batalhas físicas, mas a coragem de abrir o coração e a mente para o outro, expondo vulnerabilidades e ouvindo ativamente. Vivemos em um mundo cada vez mais conectado, mas, paradoxalmente, muitas vezes nos sentimos isolados em nossas próprias bolhas. Evitamos conversas profundas, nos esquivamos de debates importantes e, com isso, perdemos oportunidades valiosas de crescer e aprender. O silêncio pode parecer confortável, mas frequentemente nos mantém presos em preconceitos e incompreensões. Lembro-me de um episódio na empresa em que havia um clima tenso entre colegas por conta de um mal-entendido. Ninguém queria dar o primeiro passo para resolver a situação. O resultado? Queda na produtividade, um ambiente carregado e uma sensação constante de desconforto. Foi quando decidi que precisava ter coragem para iniciar o diálogo. Reuni todos para uma conversa franca, na qual cada um pudesse expressar seus sentimentos e perspectivas.

O que aconteceu a seguir foi quase mágico. À medida que cada pessoa falava, percebia-se que muitos dos problemas eram fruto de suposições equivocadas e falta de comunicação. Ao abrir espaço para o diálogo, permitimos que a empatia florescesse. A conversa deixou de ser sobre quem estava certo ou errado e passou a ser sobre compreender o ponto de vista do outro.

Dialogar não é apenas falar, mas também ouvir — e ouvir de verdade, com a intenção de compreender, não apenas de responder. É um ato de respeito e consideração pelo outro, que pode quebrar barreiras, dissipar mal-entendidos e construir pontes onde antes existiam muros.

Muitas vezes, evitamos o diálogo por medo de nos expor. Temos receio de mostrar nossas fraquezas, inseguranças ou até mesmo de sermos julgados. Mas é justamente nessa vulnerabilidade que reside a nossa maior força. Ao sermos autênticos e transparentes, criamos um ambiente de confiança e inspiramos os outros a fazer o mesmo.

Brené Brown, pesquisadora e autora renomada, fala sobre a coragem de se vulnerabilizar. Segundo ela, é preciso abraçar nossas imperfeições e ter a coragem de ser quem realmente somos. No contexto do diálogo, isso significa compartilhar nossas verdadeiras opiniões, sentimentos e experiências.

Dicas práticas para cultivar a coragem de dialogar

Pratique a escuta ativa: Esteja presente na conversa, evite distrações e realmente preste atenção ao que o outro está dizendo. Demonstre interesse por meio de perguntas esclarecedoras e reformulações para garantir compreensão.

Seja autêntico: Expresse suas opiniões de forma honesta, mas também respeitosa. Evite mascarar seus sentimentos ou concordar apenas para evitar conflitos.

Cultive a empatia: Coloque-se no lugar do outro. Compreender suas motivações e emoções facilita a construção de um diálogo produtivo.

Evite julgamentos precipitados: Dê ao outro o benefício da dúvida. Lembre-se de que cada pessoa tem suas próprias experiências, as quais moldam suas perspectivas.

Use a comunicação não violenta: Foque em expressar necessidades e sentimentos em vez de fazer acusações ou críticas. Isso reduz as defensivas e abre espaço para soluções.

Esteja aberto a mudar de opinião: O diálogo não é uma batalha para determinar um vencedor, mas sim uma oportunidade de crescimento mútuo. Esteja disposto a reconsiderar suas posições com base à luz de novas informações.

Escolha o momento adequado: Algumas conversas exigem um ambiente tranquilo e privado. Garanta que ambas as partes estejam emocionalmente preparadas para um diálogo produtivo.

O impacto positivo nos relacionamentos

A coragem de dialogar tem um efeito cascata em todas as áreas da vida. No trabalho, melhora a colaboração e a resolução de problemas. Nas relações pessoais, aprofunda a conexão e a compreensão mútua. Na sociedade, promove a tolerância e a construção de comunidades mais harmoniosas.

Pense nas vezes em que um simples mal-entendido causou estragos desnecessários. Agora imagine se, em vez disso, tivéssemos tido a coragem de iniciar um diálogo sincero. Quantos conflitos poderiam ter sido evitados? Quantas relações poderiam ter sido fortalecidas?

Claro, nem sempre é fácil. Às vezes, o diálogo pode revelar verdades difíceis ou exigir que enfrentemos nossos próprios preconceitos. Pode haver resistência, defensividade ou até mesmo hostilidade. **Mas é importante lembrar que o objetivo não é vencer uma discussão, e sim construir entendimento.**

A coragem de dialogar, especialmente com aqueles que têm opiniões opostas, pode ser um desafio ainda maior em um mundo cada vez mais polarizado.

Quando se trata de família, pode ser difícil navegar pelas diferenças políticas ou ideológicas, mas é importante lembrar que seus membros têm diferentes formações e experiências que influenciam suas crenças. Ao abordar essas conversas com empatia e mente aberta, você pode ajudar a manter um relacionamento positivo e respeitoso com seus entes queridos.

Da mesma forma, discussões com amigos também podem ser delicadas, especialmente se eles tiverem perspectivas diferentes. No entanto, é possível ter conversas produtivas e manter a amizade ao abordar a discussão com disposição para aprender e compreender.

E aqui já deixo um alerta para a importância do capítulo sobre a **Coragem de ser diferente.**

No trabalho, a habilidade de participar de um diálogo saudável e respeitoso é crucial para o trabalho em equipe e a solução eficaz de problemas. Ao promover uma cultura de comunicação aberta, os colegas de trabalho podem colaborar e encontrar soluções que beneficiem a todos. Se encontrar resistência, mantenha a calma. Respeite o espaço do outro e, se necessário, dê tempo para que a outra pessoa processe as informações. Às vezes, é preciso paciência e persistência para que o diálogo se fortaleça.

A coragem de dialogar é, em essência, a coragem de exercitar a humanidade. Reconhecer que, apesar das diferenças, todos buscamos conexão, compreensão e respeito das nossas zonas de conforto e abraçar a riqueza da diversidade de pensamentos e experiências. Como exemplo, fico feliz ao lembrar que incentivei um dos meus sócios a retomar o contato com o irmão, após uma séria desavença familiar. Por muito tempo, ele me dizia que o outro deveria dar o primeiro passo, pois havia sido o causador do problema, e assim nenhum dos dois procurava o diálogo — enquanto o tempo só aumentava a distância. Hoje, eles voltaram a se falar e reconstruíram a amizade, o que me deixa ainda mais feliz. E quantas vezes não vemos a mesma situação se repetir entre pais e filhos ou entre parentes próximos, onde cada um espera que o outro tome a iniciativa de pedir desculpas?

Então, da próxima vez que se encontrar diante de uma situação desafiadora, onde o silêncio parece ser a opção mais fácil, lembre-se do poder transformador do diálogo. Tome a iniciativa. Abra seu coração e sua mente. Você pode se surpreender com o que encontrará do outro lado, ainda que entenda que não caberia a você dar esse primeiro passo rumo ao diálogo. Assuma a responsabilidade da mudança que deseja ver no outro e tenha a coragem de não deixar pendências para o amanhã. Elas se transformarão em arrependimentos futuros.

> **A coragem de dialogar é, em essência, a coragem de ser humano: reconhecer que, apesar das diferenças, todos buscamos conexão, compreensão e respeito.**

Dialogar é um ato de coragem que enriquece nossas vidas de maneiras profundas e transformadoras. É através dele que construímos laços mais autênticos, resolvemos desentendimentos e ampliamos nossas perspectivas. Não adie mais aquela conversa importante. Pode ser o começo de algo extraordinário.

19
A CORAGEM PARA SUPERAR A SÍNDROME DO IMPOSTOR

Você já alcançou algo significativo, recebeu elogios ou reconhecimento, mas, lá no fundo, não era merecedor? Como se, a qualquer momento, alguém fosse descobrir que você não é tão competente quanto aparenta? Se sim, saiba que você não está sozinho. Esse sentimento tem nome: Síndrome do Impostor. E superá-lo exige autoconhecimento e coragem.

O peso invisível

Durante muito tempo, carreguei um peso que não sabia explicar. Cada conquista vinha acompanhada de uma voz interna dizendo: "Foi sorte", "Logo perceberão que você não é tudo isso", "Você enganou todo mundo". Era como se eu estivesse usando uma máscara, e o medo constante era de que ela caísse.

Descobri que esse sentimento não era exclusividade minha. Grandes profissionais, artistas renomados, líderes inspiradores... muitos também enfrentavam esse mesmo fantasma. A diferença é que poucos falam sobre isso, e é aí que reside o poder de identificar e encarar a Síndrome do Impostor.

A Síndrome do Impostor se manifesta de várias formas:

Autocrítica exagerada: Você minimiza suas conquistas e amplifica seus erros.

Medo de falhar: Evita desafios por receio de não corresponder às expectativas.

Comparação constante: Acredita que todos são mais competentes que você.

Desconto do próprio esforço: Atribui seus sucessos à sorte ou fatores externos.

> **Identificar esses comportamentos em si mesmo exige coragem. Significa olhar para dentro, confrontar inseguranças e admitir vulnerabilidades.**

Muitas vezes, a Síndrome do Impostor nasce de expectativas irreais que colocamos sobre nós mesmos. Seja pela pressão social, familiar ou interna, criamos um ideal de perfeição inatingível. Quando não correspondemos a esse padrão impossível, nos sentimos insuficientes.

Lembro-me da palestra que mencionei no início deste livro. Mesmo com avaliações positivas e boas críticas, eu me perguntava: "E se, na próxima vez, eu não atender às expectativas? E se perceberem que não tenho todas as respostas?". Esse tipo de pensamento é uma armadilha que nos impede de apreciar nossas conquistas.

Superar a Síndrome do Impostor não é eliminar todas as inseguranças, mas sim enfrentá-las. E, o primeiro passo para superar qualquer desafio, é reconhecê-lo.

Aqui estão alguns passos que me ajudaram nessa jornada:

Aceite seus sentimentos: Reconheça que sentir-se assim é normal e que muitas pessoas passam pelo mesmo. Evite se julgar com dureza.

Reflita sobre suas conquistas: Faça uma lista das suas realizações, sejam elas grandes ou pequenas. Releia e lembre-se do esforço que colocou em cada uma delas.

Pare de se comparar aos outros: Cada pessoa tem sua própria jornada, com desafios e oportunidades diferentes. Concentre-se no seu próprio desenvolvimento.

Compartilhe seus sentimentos: Converse com amigos, mentores ou colegas de confiança. Você vai se surpreender ao descobrir que muitos se sentem da mesma forma.

Reinterprete o medo como crescimento: Entenda que sentir-se desafiado é um sinal de que você está saindo da zona de conformismo e crescendo.

Estabeleça metas realistas: Em vez de buscar a perfeição, valorize o progresso. Celebre cada passo dado na direção certa.

Procure um feedback construtivo: Peça opiniões objetivas sobre seu trabalho. Avaliações imparciais ajudam a ajustar sua percepção da realidade.

Transformando a vulnerabilidade em força

Ao compartilhar minhas inseguranças com pessoas próximas, percebi que essa abertura fortalecia nossas relações. **Não se tratava mais de manter uma aparência de perfeição, mas de assumir minha autenticidade.** Essa vulnerabilidade tornou-se um ponto de aprendizado, pois me permitiu evoluir com as experiências dos outros e com as minhas próprias.

Entendi que o verdadeiro impostor não era eu, mas aquela voz interna que tentava me convencer de que eu não era suficiente. Ao confrontá-la, percebi que poderia reduzi-la até silenciá-la.

O papel da autocompaixão

Seja gentil consigo mesmo. Trate-se como trataria um amigo próximo que enfrenta um desafio. A autocompaixão é essencial para superar a Síndrome do Impostor. Ela nos permite reconhecer nossas falhas sem que elas definam quem somos.

Inspirando outros com sua coragem

Ao enfrentar e compartilhar sua experiência, você não apenas se fortalece, mas também inspira outros a fazerem o mesmo. A coragem se espalha. Quando as pessoas veem alguém encarando seus medos, sentem-se encorajadas a enfrentar os próprios.

Abraçando sua verdadeira identidade

Superar a Síndrome do Impostor é uma jornada contínua. Haverá dias em que a insegurança voltará a surgir, e tudo bem. O importante é lembrar-se de quem você é, do caminho que percorreu e das pessoas que impactou ao longo da sua trajetória.

A coragem de identificar e superar a Síndrome do Impostor vai além do desenvolvimento pessoal. É sobre assumir seu lugar no mundo, reconhecer o valor que traz e permitir que sua luz brilhe sem medo.

Então, da próxima vez que aquela vozinha interna tentar diminuir suas conquistas, responda com firmeza: *Eu sou competente. Eu mereço estar aqui. E seguirei em frente com coragem e determinação.*

Lembre-se: você não é uma fraude. Você é um indivíduo único, com talentos e experiências que ninguém mais possui. Abrace isso. O mundo precisa do que só você pode oferecer.

"Identificar esses comportamentos em si mesmo é um ato de coragem. Significa olhar para dentro, confrontar inseguranças e admitir vulnerabilidades.

Cultivar a coragem de identificar e superar a síndrome do impostor é um ato profundo de autocompreensão e aceitação. Ao confrontar nossas próprias dúvidas e reconhecer o próprio valor, rompemos as barreiras invisíveis que limitam nossas possibilidades. Mais do que simplesmente vencer a insegurança, essa coragem nos permite reconhecer e confiar em nossas capacidades, promovendo uma existência mais autêntica e significativa. É uma virtude que não apenas fortalece o indivíduo, mas também inspira e impacta o mundo ao nosso redor.

20
A CORAGEM PARA NEGOCIAR

Quantas vezes por dia você negocia algo com alguém?

Se parar para analisar, no cotidiano, todos somos negociadores, mesmo sem perceber. Desde o momento em que discutimos quem levará as crianças para a escola, passando pelo almoço em que tentamos convencer colegas a apoiar uma nova ideia no trabalho, até as conversas delicadas em casa para chegar a um acordo sobre a educação dos filhos, dividir tarefas ou alinhar expectativas com um parceiro. Quando pedimos um desconto em uma compra ou quando precisamos ajustar prazos com um cliente, cada interação é um jogo sutil de concessões, persuasão e entendimento. Em cada uma dessas situações, não estamos apenas trocando palavras, estamos construindo acordos que moldam nosso dia, testando estratégias para alcançar objetivos sem comprometer as relações. Mas negociar é uma arte que exige mais do que técnicas e estratégias; requer coragem. Coragem para enfrentar o desconhecido, para lidar com situações tensas e, principalmente, para encarar a si mesmo. **Muitas vezes, a negociação é vista apenas como uma disputa por interesses, mas, na realidade, é um processo profundo de comunicação e entendimento humano.**

Enfrentando os desafios internos

Antes de tudo, é preciso vencer as barreiras internas: o medo de não ser capaz, a insegurança diante do outro, a ansiedade pelo resultado. Essas emoções podem sabotar até mesmo o negociador mais experiente. Reconhecer e controlar essas emoções é o primeiro passo para uma negociação bem-sucedida.

O comandante Diógenes Lucca, em seus livros *O Negociador* e *Super Performance – Lições das Tropas de Elite para o Mundo Corporativo*, compartilha valiosas lições aprendidas em situações extremas de negociação como integrante e comandante do GATE (Grupo de Ações Táticas Especiais). Ele destaca que o controle emocional é fundamental para manter a clareza de pensamento e tomar decisões assertivas, dentre outros ensinamentos que aprendi, utilizo e que fazem uma grande diferença nas negociações diárias — tanto na vida pessoal quanto nos negócios.

A importância da escuta ativa

Um dos pilares da negociação é a capacidade de ouvir de forma genuína. Mas não é apenas escutar as palavras, e sim compreender o que está por trás delas. Quais são as reais necessidades, desejos e preocupações da outra parte? Isso requer empatia, paciência e atenção plena.

Nas operações de resgate e gerenciamento de crises, o comandante Lucca ressalta que a escuta ativa pode ser a diferença entre o sucesso e o fracasso de uma missão. No mundo corporativo ou na nossa vida pessoal, não é diferente. Quando nos dispomos a realmente ouvir o outro, construímos pontes de confiança que facilitam o acordo.

Zona de Possível Acordo (zopa): encontrando o terreno comum

Em qualquer negociação, existe um espaço onde os interesses de ambas as partes se sobrepõem. Esse espaço é conhecido como Zona de Possível Acordo (zopa), que representa o intervalo em que um acordo é viável, onde as expectativas mínimas de cada parte se cruzam. Imagine que você está vendendo um carro e quer, no mínimo, R$ 30 mil. O comprador, por sua vez, está disposto a pagar até R$ 35 mil. A zopa, nesse caso, está entre R$ 30 mil e R$ 35 mil. Qualquer valor dentro desse intervalo pode satisfazer ambos.

Entender e identificar a zopa é crucial para uma negociação eficaz. Significa saber até onde você pode ceder e qual é o limite da outra parte. Isso evita perda de tempo com propostas inviáveis e direciona a conversa para soluções reais.

Num exemplo cotidiano, imagine o seguinte cenário:

Os pais querem que o filho de 12 anos estude por duas horas depois da escola para melhorar suas notas. O filho, por sua vez, quer jogar videogame imediatamente após a escola, pois essa é sua forma favorita de relaxar.

A zopa neste caso é o intervalo de tempo ou a combinação de atividades que equilibrem as necessidades dos pais (foco no estudo) e os desejos do filho (tempo para relaxar e jogar).

Proposta dos pais: *Vamos definir um horário para que você faça sua lição de casa e estude, mas também vamos garantir que você tenha tempo para jogar.*

Resposta do filho: *Quero jogar assim que eu chegar em casa porque estou cansado da escola.*

Negociação: Após uma conversa, eles encontram um terreno comum na seguinte proposta: o filho terá trinta minutos para jogar videogame logo após a escola, seguido de um hora e meia de estudo e poderá ter mais trinta minutos de jogo depois de terminar as tarefas.

Premissas da ZOPA: como encontrar um acordo justo

Conhecimento dos limites próprios: Você precisa saber qual é o seu ponto de resistência, o mínimo ou máximo que está disposto a aceitar. Por ter ciência do meu limite máximo, já me levantei da cadeira e saí da sala de reuniões durante uma importante negociação de fechamento de um grande negócio. O cliente negociava um desconto, mas eu já havia deixado claro meu valor mínimo aceitável. Pouco depois, o contratante mandou me chamar de volta e cedeu na negociação.

Entendimento dos limites da outra parte: Procure informações que possam indicar quais são as expectativas e restrições do outro lado.

Flexibilidade para explorar alternativas: Dentro da ZOPA existem múltiplas possibilidades. Esteja aberto a diferentes configurações de acordo.

Comunicação transparente: Facilita a identificação da ZOPA e demonstra boa-fé na busca por um acordo mutuamente benéfico.

Mesmo em situações de alta tensão, encontrar a ZOPA pode ser a chave para resolver conflitos aparentemente insolúveis.

Preparação: a base da confiança na negociação

Coragem não é agir sem medo, mas sim avançar apesar dele. E nada traz mais segurança do que estar bem-informado e preparado. Conhecer o assunto, entender o contexto e antecipar possíveis objeções. A preparação não elimina as incertezas, mas reduz consideravelmente os riscos.

No ambiente corporativo, assim como em operações táticas, a informação é poder. Pesquise sobre a outra parte, entenda seu histórico, suas motivações. Isso não apenas fortalece sua posição, mas também demonstra respeito e interesse genuíno pelo processo.

Comunicação clara e assertiva

Expressar-se de forma clara, evitando ambiguidades, é essencial. Mas é igualmente importante ser assertivo sem ser agressivo. A assertividade é a habilidade de defender seus pontos de vista de forma firme, porém respeitosa.

Mesmo em situações de alta tensão, manter a calma e comunicar-se de maneira objetiva é crucial. No mundo dos negócios, perder a compostura pode minar a credibilidade e fechar portas que poderiam levar a oportunidades valiosas.

Flexibilidade e criatividade

Negociar não é vencer ou perder, mas encontrar soluções que beneficiem todas as partes envolvidas. Isso requer flexibilidade para adaptar estratégias e criatividade para encontrar alternativas que talvez não sejam óbvias à primeira vista.

Em situações de crise, a capacidade de pensar fora da caixa pode salvar vidas. No contexto empresarial, pode salvar negócios, parcerias e relações profissionais. No contexto pessoal pode salvar relacionamentos. Esteja aberto a novas ideias e perspectivas. Às vezes, a solução ideal está em um caminho não convencional.

Estabelecendo conexão humana

No final das contas, negociações são conduzidas por pessoas. Construir *rapport*, criar um ambiente de confiança e respeito mútuo, faz toda a diferença. **Mostre interesse genuíno pela outra pessoa, reconheça seus sentimentos e preocupações.**

A conexão humana é uma ferramenta poderosa. Mesmo nos momentos mais críticos, tratar o outro com dignidade e respeito pode desarmar conflitos e abrir caminho para o diálogo.

Dicas práticas para negociações corajosas

Conheça a si mesmo: Entenda suas emoções, seus limites e suas motivações. Autoconhecimento é fundamental para manter o controle durante a negociação.

Prepare-se minuciosamente: Reúna informações, planeje seus argumentos e esteja pronto para responder a objeções.

Desenvolva a empatia: Coloque-se no lugar da outra parte. Compreender suas necessidades ajuda a encontrar soluções satisfatórias para ambos.

Comunique-se com clareza: Evite jargões ou linguagem complexa. Seja direto e objetivo, mas sempre respeitoso.

Seja flexível: Tenha em mente seus objetivos, mas esteja aberto a ajustar sua abordagem conforme a negociação avança.

Controle emocional: Mantenha a calma, mesmo diante de provocações ou situações inesperadas. Respire fundo e foque no que é importante.

Crie um ambiente de confiança: Seja honesto, cumpra o que promete e demonstre integridade em suas ações.

Aprenda com cada experiência: Independentemente do resultado, reflita sobre o que funcionou e o que pode ser melhorado para futuras negociações.

Negociar é uma oportunidade de crescimento pessoal e profissional. Cada negociação é única e traz consigo lições valiosas. Ao enfrentar os desafios com coragem, você não apenas alcança melhores resultados, mas também se desenvolve como indivíduo.

Ao aplicar as estratégias e insights compartilhados por líderes reconhecidos por sua habilidade em negociação, você estará mais bem equipado para enfrentar qualquer negociação que surgir em seu caminho.

Citei neste capítulo por diversas vezes o querido comandante Lucca, reconhecido nacionalmente como "O Negociador", hoje um amigo-irmão com quem tenho a honra de compartilhar momentos da nossa jornada em família. Outras referências que me ajudaram e que poderão também te ajudar no desenvolvimento desta importante habilidade:

Ricardo Semler, empresário e ex-CEO da Semco Partners, é reconhecido pela gestão inovadora e práticas de negociação no mundo corporativo.

William Ury: embora nascido nos Estados Unidos, Ury tem grande influência no Brasil como cofundador do Projeto de Negociação de Harvard e consultor de negociações de paz.

José Pastore: especialista em relações do trabalho e negociação coletiva no Brasil, Pastore atua em questões trabalhistas com foco em diálogo entre as partes.

Roger Fisher: cofundador do Projeto de Negociação de Harvard e autor do livro clássico *Como Chegar ao Sim*, Fisher revolucionou o campo da negociação ao introduzir uma abordagem baseada em interesses mútuos.

Chris Voss: ex-negociador do FBI e autor do *best-seller Never Split the Difference*, Voss é especialista em negociação de alta pressão e conflitos complexos.

Herb Cohen: considerado um dos maiores especialistas em negociação no mundo, autor de *You Can Negotiate Anything*, tem sido consultor para diversas organizações e governos.

Adam Grant: psicólogo organizacional e autor renomado por suas pesquisas sobre negociação, liderança e comportamento no trabalho, frequentemente aplicadas em contextos empresariais globais.

A jornada continua

A coragem de negociar é uma habilidade que pode ser desenvolvida com prática e dedicação. Não se trata apenas de fechar negócios ou alcançar metas, mas de construir relacionamentos duradouros e baseados na confiança.

Então, da próxima vez que se deparar com uma negociação desafiadora, lembre- se: você tem dentro de si a capacidade de enfrentar o momento com coragem, sabedoria e humanidade. Utilize as ferramentas à sua disposição, mantenha-se fiel aos seus valores e avance com a confiança de quem sabe que cada passo é uma oportunidade de fazer a diferença.

Negociar é uma arte que combina estratégia, empatia e coragem. Ao abraçar essa jornada, você não apenas alcança seus objetivos, mas também enriquece sua vida e a dos que estão ao seu redor.

> **Negociar não é vencer ou perder, mas encontrar soluções que beneficiem todas as partes envolvidas.**

Enfrentar a negociação com coragem representa uma afirmação profunda de confiança e habilidade relacional. Ao nos envolvermos em diálogos desafiadores com honestidade e abertura, buscamos soluções que atendam às necessidades de todos os envolvidos. Mais do que simplesmente alcançar um acordo, essa prática reflete a capacidade humana de construir pontes através da comunicação eficaz, promovendo entendimento mútuo e resultados equilibrados.

21

A CORAGEM PARA SE TORNAR UM INVESTIDOR

Vou começar este capítulo de uma forma diferente: descobri uma afirmação tarde demais na minha vida, mas felizmente a tempo de compreendê-la e viver seus benefícios: **"investir não tem a ver com dinheiro, mas sim com sabedoria e liberdade!"**.

Você já se pegou pensando em como seria se tivesse investido naquele negócio promissor anos atrás? Ou talvez tenha sentido aquele frio na barriga ao considerar aplicar suas economias em algo além da poupança ou da renda fixa. Investir é, sem dúvida, um ato de coragem. Não apenas pelo risco financeiro envolvido, mas pelo enfrentamento de medos, inseguranças e, muitas vezes, pela quebra de paradigmas pessoais e culturais.

Desde pequenos, muitos de nós ouvimos que dinheiro é algo que deve ser guardado com cuidado, que investir é arriscado e que o melhor é manter-se em segurança. Essas crenças acabam criando barreiras que nos impedem de explorar oportunidades que podem transformar nossas vidas. Por outro lado, há quem defenda que a vida é uma só e que devemos aproveitá-la ao máximo, sem necessidade de "guardar" dinheiro para o futuro. Porém, esses mesmos indivíduos costumam mudar de

PASSO DO GIGANTE

posição e se arrepender das ações impulsivas assim que enfrentam a primeira crise.

Sou de uma época em que falar de dinheiro era um tabu. Não havia educação financeira na classe média, e a desinformação, somada ao péssimo hábito do crediário, do cheque especial e do uso indiscriminado do cartão de crédito para antecipar compras e sonhos, era a regra e não a exceção. O resultado? Famílias endividadas e poder de compra reduzido pelas altas taxas de juros.

Me lembro quando recebi o lucro líquido da minha primeira venda "grande". Meu pai me aconselhou a guardar na poupança, dizendo que era a forma mais segura de garantir o futuro, pois o sonho da família era juntar dinheiro para ter a casa própria. Segui esse conselho por algum tempo, até perceber que meu dinheiro não crescia e sequer acompanhava a inflação. Foi então que compreendi que a poupança não era um investimento. Decidi, então, reinvestir no meu próprio negócio.

Investir não é apenas para especialistas ou para quem tem muito dinheiro. É uma ferramenta poderosa ao alcance de todos, desde que haja informação e disposição para aprender. A coragem de investir começa com o conhecimento. Quanto mais entendemos como funcionam os diferentes tipos de investimento, menos assustador isso se torna.

Ser um investidor, portanto, não depende apenas do seu nível de renda, mas sim da sua mentalidade e visão sobre investimento. Adotar a mentalidade e os hábitos corretos é crucial para o sucesso. **Isso inclui manter uma perspectiva de longo prazo, ser paciente e disciplinado, evitar decisões impulsivas e monitorar e gerenciar regularmente seus investimentos.**

Também é importante ter uma compreensão clara de seus objetivos de investimento, sua tolerância ao

risco e ter um portfólio bem diversificado. Ao ter um plano de investimento sólido e cumpri-lo, você pode maximizar suas chances de sucesso, independentemente do seu nível de renda.

É fundamental lembrar que investir não é um esquema de enriquecimento rápido. O sucesso exige **tempo e paciência.** Os mercados, a economia, o país e o mundo passam por altos e baixos, mas, com um portfólio diversificado e uma perspectiva de longo prazo, é possível enfrentar essas oscilações e continuar expandindo seu patrimônio ao longo do tempo.

Falando em tempo, **quanto mais cedo você dá o primeiro passo, mais o próprio tempo se torna seu aliado, multiplicando recursos e consolidando a estrada rumo à prosperidade.**

Seguindo o raciocínio de educadores financeiros como os queridos Thiago Nigro e Bruno Perini, imagine duas pessoas investindo a mesma quantia mensal com uma rentabilidade média de 10% ao ano. Uma delas começa aos 20 anos e mantém os aportes apenas até os 30 (dez anos de aportes) A outra inicia somente aos 30 e segue até os 60 (trinta anos de aportes). Curiosamente, ao chegarem aos 60, a que começou mais cedo — mesmo tendo parado de investir aos 30 — pode acumular um valor maior do que quem investiu regularmente por 30 anos, mas começou mais tarde. Isso ocorre porque, ao iniciar antes, ela concedeu mais tempo para que os juros compostos trabalhassem de forma exponencial, gerando ganhos sobre ganhos ao longo das décadas. Essa é a ilustração perfeita de como "tempo de mercado" importa mais do que "*timing* de mercado".

Portanto, não espere pelo "momento perfeito" para investir. Quanto mais cedo você iniciar, maior será o impacto do tempo na transformação de pequenos valores mensais em grandes resultados, à medida que os rendimentos geram novos rendimentos, mês após mês. Ainda existem diversos mitos que cercam o mundo dos investimentos:

Investir é jogar dinheiro fora: Na verdade, investir é colocar seu dinheiro para trabalhar por você, buscando rendimentos que superem a simples acumulação.

Preciso de muito dinheiro para começar: Com a tecnologia e a democratização dos investimentos, é possível começar com valores pequenos e ir aumentando conforme sua confiança cresce. Basta que gaste menos do que ganha e invista com responsabilidade e consciência o saldo restante.

É muito complicado, não vou entender: Embora haja complexidade em alguns produtos, existem muitas opções simples e acessíveis para iniciantes.

Compartilho a seguir três conselhos que um colega judeu me deu, que aplico atualmente e que transmiti aos meus filhos:

1. **Não importa o quanto você ganha, esteja sempre um nível abaixo do seu potencial de padrão de vida,** ou seja, se hoje você ganha o suficiente para morar num apartamento de três dormitórios com varanda, more em um menor com dois, mais simples. Se tem condições de custear um bom automóvel, tenha um usado da metade do valor.

Além de conseguir investir o saldo positivo que não está gastando agora, não precisará baixar seu padrão de vida caso algum contratempo como uma demissão, uma doença, um imprevisto afete sua renda. Por estar vivendo abaixo do seu potencial financeiro atual, sua reserva de emergência será preservada. Com disciplina, o recurso economizado e investido mensalmente possibilitará a construção de uma receita passiva, proporcionando liberdade de escolha no futuro. Nesse momento, será possível usufruir de um padrão de vida mais elevado, sempre respeitando a estratégia de se manter um degrau abaixo do seu potencial financeiro atual.

2. Investimentos são feitos em ativos, que geram dividendos, equity, receita, e não em passivos que geram mais despesas. É um equívoco acreditar que estará "investindo" em um carro, quando, na realidade, ele acarretará gastos adicionais, como IPVA, seguro e manutenção. O mesmo ocorre ao "investir" em um imóvel que trará custos extras com manutenção, IPTU, energia, água, gás e condomínio. Isso não se caracteriza como investimento, a menos que seja para locação e gere receita. Caso contrário, apenas aumentará suas despesas e reduzirá seu poder de investimento.

3. O melhor investimento que existe — e que ninguém poderá tirar de você — é o conhecimento. Neste, não cometa o erro da economia burra. Ao longo da história, quando o povo judeu foi perseguido e teve seus bens e propriedades confiscados por governos antissemitas, a única riqueza que não lhes podia ser retirada era o conhecimento. Recentemente, em uma conversa com um empresário bem--sucedido que me confidenciou seu maior medo — perder tudo e ter que recomeçar do zero —, eu o tranquilizei com esse ensinamento. Afinal, o conhecimento que o levou até o sucesso não pode ser tomado por ninguém.

Depois de muitos altos e baixos na minha trajetória empreendedora, o momento mais disruptivo e próspero que vivo atualmente é fruto dos aprendizados da Nova Economia e do poder do equity. A parceria com meu sócio Adalberto Bem Haja, o mestre e mentor João Kepler na Bossa Invest e o SME (Smart Money Education), capitaneado pelo querido Theo Braga, foram essenciais nesse caminho.

Tornar-me coinvestidor em um pool de investimentos, membro de comitê e conselheiro da Bossa Invest foram passos fundamentais para um novo nível de investimentos, networking, conexões, aprendizado e prosperidade. Além do meu próprio crescimento, essa jornada impacta positivamente os empreendedores que enxergam no Venture Capital e no Smart Money uma poderosa alavanca para crescimento, conhecimento e conexões estratégicas. A coragem do João Kepler ao transformar o mercado de Venture Capital no Brasil, investindo no estágio inicial de startups em um momento em que o mercado financeiro ainda não acreditava nessa tese, merece reconhecimento. Indo contra todas as previsões, ele teve a ousadia de dar o "Passo do Gigante", persistiu e tornou-se o maior investidor-anjo do país. Sua visão de negócios ultrapassa o convencional; sua capacidade de conectar talentos e sua generosidade inspiram não apenas respeito, mas uma profunda admiração. Kepler é um exemplo vivo de que a ousadia com conhecimento, o espírito de servir, o poder de transformação do capital produtivo e a confiança no potencial humano de empreender podem reescrever as regras do jogo, iluminando novos caminhos para todos nós.

A coragem de enfrentar o risco

Todo investimento envolve algum nível de risco. Ter coragem para investir significa aceitar essa realidade e aprender a gerenciá-los, em vez de tentar evitá-los completamente. **É fundamental compreender que risco e retorno estão diretamente relacionados: investimentos com maior potencial de retorno geralmente apresentam riscos mais elevados.** Mas como lidar com isso?

Educação financeira: Dedique tempo para aprender sobre finanças. Há cursos, livros, podcasts e canais que tornam esse conhecimento acessível.

Diversificação: Nunca coloque todos os ovos na mesma cesta. Distribuir seus investimentos é uma forma eficaz de mitigar o risco.

Definição de objetivos: Tenha clareza sobre suas metas. Isso ajuda a selecionar investimentos alinhados às suas necessidades e expectativas.

Perfil de investidor: Conheça-se. Entenda qual é o seu nível de tolerância ao risco e quais são seus valores em relação ao dinheiro.

Investir não é apenas uma decisão racional; há também um forte componente emocional. O medo de perder dinheiro, a ansiedade diante das oscilações do mercado e a impaciência podem nos levar a decisões precipitadas.

Controle emocional: Desenvolva a capacidade de manter a calma, mesmo quando o mercado está turbulento. Lembre-se de que investimentos são para o longo prazo.

Evite a comparação: Cada pessoa tem uma jornada financeira única. Não se compare com os outros, foque em seus próprios objetivos.

Aprenda com os erros: Se algo não sair como planejado, encare como aprendizado e ajuste sua estratégia.

O potencial transformador de investir

A coragem de investir pode abrir portas para oportunidades que você talvez nunca tenha imaginado. Além de potencialmente aumentar seu patrimônio, investir pode:

Gerar renda passiva possibilitando que você tenha fontes de renda além do seu trabalho principal. Com o tempo te trará a liberdade financeira, que é o ponto onde suas despesas já serão custeadas pela sua renda passiva, proporcionando liberdade de escolha e reduzindo a pressão de viver apenas para pagar boletos.

Alcançar sonhos e metas: Como comprar uma casa, viajar, ou garantir a educação dos filhos.

Contribuir com projetos que você acredita: Investimentos podem ser direcionados para setores ou empresas que estejam alinhados com seus valores.

Dicas práticas para começar a investir com coragem

Comece pequeno: Não é necessário investir grandes quantias de uma só vez. Comece com o que é confortável para você.

Busque orientação: Consultores financeiros podem ajudar a traçar um plano alinhado com seus objetivos.

Atualize-se constantemente: O mercado financeiro é dinâmico. Mantenha-se informado sobre as tendências e novidades.

Esteja preparado para o longo prazo: Investimentos são uma maratona, não uma corrida de velocidade. Tenha paciência.

Não deixe o medo paralisar: O receio é natural, mas não permita que ele impeça você de agir.

> **Investir é uma jornada que começa com um único passo: a decisão de agir. A coragem de investir não é a ausência de medo, mas a vontade de seguir em frente apesar dele. Investir é assumir o controle do seu futuro financeiro e abrir-se para novas possibilidades.**

Lembre-se de que cada investidor de sucesso já esteve onde você pode estar agora: no ponto de partida, cheio de dúvidas e incertezas. O que os diferencia é que eles decidiram dar o primeiro passo.

Então, se você sente aquele frio na barriga ao pensar em investir, saiba que isso é normal. **Use essa energia como motivação para aprender, crescer e conquistar seus objetivos. A coragem de investir pode ser o que separa o seu sonho da realidade.**

Investir é mais do que uma decisão financeira; é um ato de confiança em si mesmo e no futuro. Tenha coragem, informe-se e dê o primeiro passo rumo à realização dos seus sonhos.

> **Investir é assumir o controle do seu futuro financeiro e abrir-se para novas possibilidades.**

Demonstrar a coragem de investir é uma afirmação significativa de visão e confiança no futuro. Ao alocar recursos em ideias, projetos ou mercados, assumimos riscos calculados capazes de impulsionar progresso e inovação. Mais do que buscar retornos financeiros, é uma virtude que expressa a disposição de acreditar no potencial de transformação, contribuindo para o desenvolvimento econômico e social através de escolhas conscientes e ousadas.

22
A CORAGEM DE ASSUMIRMOS NOSSOS ERROS

Você já passou por aquele momento em que percebe que cometeu um erro e a primeira reação é tentar ocultar ou justificar? Talvez tenha sido algo pequeno, como esquecer de enviar um e-mail importante, ou algo maior, como uma decisão que afetou negativamente outras pessoas ou até mesmo uma traição conjugal. Admitir nossos erros não é fácil. **Requer humildade, autoconhecimento e, acima de tudo, coragem.**

Quando evitamos reconhecê-los, carregamos um peso invisível que nos consome. É como uma mochila cheia de pedras que impede a gente de avançar. A negação pode parecer uma solução imediata para evitar constrangimentos ou consequências, mas, a longo prazo, só aumenta a carga emocional e pode minar nossa confiança e nossos relacionamentos.

Certa vez, enquanto liderava uma equipe, tomei uma decisão apressada que resultou em perdas financeiras para a empresa. Meu primeiro instinto foi culpar fatores externos, buscar culpados e justificar com argumentos que não refletiam a realidade. Mas, no fundo, sabia que tinha falhado em analisar todas as variáveis. Foi somente quando eu tive a coragem de admitir meu erro para a equipe e para mim mesmo que pude começar a reparar o dano e aprender com a situação.

Admitir um erro pode ser doloroso no momento, mas traz uma sensação de alívio e libertação. É como tirar um fardo das costas. Mais do que isso, abre caminho para o crescimento pessoal e profissional. Quando reconhecemos nossas falhas, demonstramos maturidade, responsabilidade e comprometimento com a verdade.

Além disso, assumir nossos erros fortalece a confiança dos outros em nós. Pode parecer contraditório, mas quando somos transparentes sobre nossas falhas, as pessoas tendem a nos respeitar mais. Elas veem que somos humanos, que não temos medo de mostrar vulnerabilidade e que estamos dispostos a aprender e melhorar.

Aprendendo com os erros

Os erros são lições disfarçadas de desafios. Cada falha contém aprendizados valiosos que podem nos levar a um novo patamar de entendimento e competência. Mas isso só é possível quando temos a coragem de encará-los com firmeza.

Análise sincera: Reflita sobre o que deu errado. Quais foram os fatores que contribuíram para o erro? O que você poderia ter feito de diferente?

Evite a autocrítica destrutiva: Reconhecer um erro não significa se punir excessivamente. Seja gentil consigo mesmo. Todos erram.

Desenvolva um plano de ação: Use o aprendizado para implementar mudanças que evitem erros semelhantes no futuro.

Criando um ambiente de trabalho que valoriza a transparência

Cada vez mais, as empresas que se destacam no mercado, demonstram a importância de promover uma cultura onde as pessoas se sintam seguras para admitir erros. Isso começa com a liderança. Quando líderes demonstram coragem ao assumir suas próprias falhas, encorajam suas equipes a fazer o mesmo.

Estimule a comunicação aberta: Crie canais onde os colaboradores possam compartilhar desafios e dificuldades sem medo de represálias.

Valorize o aprendizado: Reconheça não apenas os sucessos, mas também as lições extraídas dos erros.

Evite a cultura de culpa: Foque na solução dos problemas, não em apontar dedos.

Ao assumir nossos erros, não apenas crescemos como indivíduos, mas também inspiramos aqueles ao nosso redor a fazer o mesmo. Demonstramos que é possível superar o orgulho e a vergonha **em nome da verdade e do progresso.**

Certa vez, um amigo, após cometer um erro significativo em um projeto, convocou uma reunião com toda a equipe. Com humildade, ele explicou o que havia acontecido, assumiu total responsabilidade e apresentou um plano para corrigir a situação. A reação da equipe foi de apoio e admiração. Aquele ato de coragem não apenas resolveu o problema, mas fortaleceu a união e a confiança entre todos.

O erro e o fator tempo

A essa altura da nossa jornada deste livro, você já se deu conta que erros acontecem. Algo que aprendi com muito esforço

A CORAGEM DE ASSUMIRMOS NOSSOS ERROS

foi o fator tempo e a importância da agilidade no diagnóstico e na sua correção. Errou o caminho? Contratou mal? Escolheu errado? Planejou de uma forma e na prática é completamente diferente? Errou na estratégia? Pare agora, assuma o erro e foque imediatamente na solução.

Mas, Kleber, já investi uma fortuna neste projeto!

Mas, Kleber, será que não é melhor esperar para ver se dá para recuperar pelo menos uma parte?

Mas, Kleber, ele pode mudar com o tempo.

Mas, Kleber, "E se…" (se você perguntou "E se…", recomendo que volte e releia o capítulo **A coragem para recomeçar**).

Uma vez identificado o erro, não adie a decisão de corrigi--lo, por mais que doa, por mais que pareça que houve "perda" de recursos ou "desperdício" de tempo. Será sempre mais barato corrigir o mais rápido possível do que negligenciar. É como saber que houve um erro no alicerce e, ainda assim, manter a construção da sua casa sobre ele apenas para cumprir o prazo de entrega.

É como rebocar e pintar uma parede sabendo que há um cano mal-emendado dentro dela que, mais cedo ou mais tarde, vai gerar infiltração.

É como descobrir que contratou um funcionário com desvio de conduta, mas que bate meta, e ainda assim mantê-lo na equipe.

É manter no estoque um lote de produtos que comprou errado ou que já saiu de linha e não vendeu, gastando espaço e energia.

É permanecer em um relacionamento tóxico.

E tantos outros exemplos do nosso dia a dia em que sabemos que algo está errado, mas, por medo ou conformismo, deixamos de agir — seja nos negócios ou na vida. Quanto mais cedo reconhecemos que algo saiu do previsto, melhor. Menos danos e foco total em corrigir a rota, ajustar estratégias e buscar soluções. É o que chamamos de "errar rápido": admitir logo o problema, entender suas causas e partir para a ação.

Dessa forma, transformamos o erro em aprendizado, sem prolongar as consequências negativas ou agravar a situação. Além disso, ao sermos ágeis e transparentes, ganhamos a confiança de quem está ao nosso redor, pois demonstramos responsabilidade e comprometimento em buscar os ajustes necessários.

Dicas práticas para cultivar a coragem de assumir erros

Pratique a autorreflexão: Reserve momentos para avaliar suas ações e decisões. Isso facilita a identificação de erros.

Desenvolva a empatia: Considere o impacto dos seus erros sobre outros. Isso pode motivá-lo a agir com integridade.

Comunique-se com clareza: Ao admitir a sua responsabilidade, seja direto e honesto. Evite desculpas ou justificativas excessivas.

Aprenda e siga em frente: Use o erro como uma oportunidade de crescimento e não fique preso ao passado.

Perdoe a si mesmo: Reconheça que errar é humano. O autoperdão é fundamental para seguir em frente.

A coragem de assumir nossos erros é uma manifestação poderosa de integridade e autenticidade. É um passo essencial na jornada do autoconhecimento e do desenvolvimento pessoal. Quando temos a humildade de reconhecer nossas falhas, abrimos portas para relacionamentos mais profundos, maior respeito e oportunidades de aprendizado.

Então, da próxima vez que se deparar com um erro, grande ou pequeno, não fuja dele. Enfrente-o com coragem. Você descobrirá que, ao iluminar suas sombras, sua luz brilhará ainda mais forte.

Admiti-los não nos diminui; pelo contrário, nos engrandece. É um ato de coragem que reflete maturidade e sabedoria. Seja um exemplo de integridade para si mesmo e para os outros, e colha os frutos de uma vida autêntica. Mas aprenda com os erros cometidos e evite repeti-los, caso contrário, sinto informar, caro leitor, que, no mundo competitivo em que vivemos, você poderá ser demitido, ficar para trás em uma promoção ou perder a oportunidade de um relacionamento próspero, de ter uma família plena, caso não tenha a coragem de admitir e aprender com suas falhas.

"

Os erros são oportunidades disfarçadas. Cada falha contém lições valiosas que podem nos conduzir a um novo patamar de entendimento e competência. Mas isso só é possível quando temos a coragem de encará-los com firmeza.

Reconhecer e assumir nossos erros exige coragem e humildade genuínas. Ao admitir falhas, abrimos espaço para o aprendizado e fortalecemos nossa integridade pessoal e profissional. Mais do que simplesmente confessar equívocos, é uma virtude que promove o crescimento pessoal, reforça a autenticidade e contribui para relações mais honestas e transparentes.

23

A CORAGEM PARA CONTINUAR APÓS O LUTO

Perder alguém que amamos é como ter o chão arrancado sob nossos pés. De repente, tudo o que era certo se torna incerto, e o mundo parece um lugar estranho e vazio. O luto é uma jornada individual e profunda, que cada um de nós atravessa de maneira única. **Mas, em meio à escuridão, há uma chama que pode nos guiar: a coragem de continuar.**

O abismo da perda

Quando meu pai faleceu, senti como se um pedaço de mim tivesse sido levado junto. As manhãs pareciam mais cinzentas, e as noites, intermináveis. A dor era intensa e, por alguns momentos, eu me perguntava se algum dia voltaria a sentir alegria genuína. Talvez você já tenha sentido algo parecido. É como estar à deriva, sem rumo ou propósito.

Nesses momentos, é comum nos fecharmos em nosso próprio mundo, evitando contato com outras pessoas ou atividades que antes nos davam prazer. O luto pode nos isolar, nos fazer sentir incompreendidos. E está tudo bem sentir-se assim. É importante reconhecer e aceitar nossos sentimentos, sem pressa ou julgamento.

A coragem de sentir

A primeira coragem que precisamos cultivar após uma perda é a de sentir. Permitir-se vivenciar plenamente as emoções, sejam elas tristeza, raiva, culpa ou medo. Reprimir o choro, fingir que está tudo bem ou tentar parecer "forte" o tempo todo só prolonga o sofrimento. **Chorar não é sinal de fraqueza, mas de humanidade.**

Lembro-me de uma dinâmica no líder training em que finalmente descarreguei minha raiva e deixei as lágrimas caírem sem resistência. Foi como se uma represa tivesse se rompido. E, apesar da dor, senti um alívio, uma leveza. Percebi que não precisava carregar tudo aquilo sozinho, que era permitido desabar.

A imagem de tentar reanimar meu pai naquele domingo, a sensação de incapacidade, a dor de não ver mais seus olhos se abrirem deixaram de me assombrar e se transformaram apenas lembranças.

Encontrando significado na dor

A dor do luto nunca desaparece completamente, mas com o tempo, podemos encontrar maneiras de integrá-la em nossas vidas. Uma forma de fazer isso é buscar significado na experiência. **O que essa perda nos ensina sobre a vida, sobre o amor, sobre nós mesmos?**

No meu caso, a partida do meu pai me fez valorizar ainda mais os momentos com as pessoas que amo. Passei a dizer "eu te amo" com mais frequência, a estar mais presente nas conversas, a perdoar com mais facilidade. **A perda me mostrou a preciosidade de cada momento.**

Como já mencionei em capítulos anteriores, nas pesquisas realizadas para este livro, conversei com muitas pessoas de

diversas classes sociais, origens, crenças, e quando questionados sobre seu maior medo, a grande maioria respondeu que era
a "perda" de um ente querido, um filho, um pai, uma mãe. E a
minha reflexão com eles após esta resposta era que, infelizmente, isso acontecerá! A dúvida é apenas: quando? Minha provocação seguinte era: **o que você está fazendo hoje para
evitar pendências, arrependimentos ou sentimentos
de algo inacabado? Está vivendo plenamente o amor
com eles ou deixando para amanhã?** Tenha a coragem
de assumir o protagonismo, pare de sofrer por antecipação e
faça do presente o seu momento de felicidade ao lado de quem
você ama, como se todos os dias fossem os últimos.

Durante a pandemia da covid-19, vários amigos próximos
partiram repentinamente, sem aviso, sem preparação, com saúde
plena. O mesmo acontece quando uma pessoa próxima parte de
forma inesperada, seja por um acidente, um assalto ou uma fata-
lidade. A reflexão e provocação são exatamente as mesmas.

**Substituir a preocupação e o sofrimento deste
momento pela gratidão também traz conforto e
alento aos nossos corações.**

Não precisamos atravessar o luto sozinhos. Ter a coragem
de buscar apoio é essencial. Seja conversando com amigos e
familiares, participando de grupos de apoio ou procurando
ajuda profissional, compartilhar nossos sentimentos nos ajuda
a processar a dor.

Muitas vezes, achamos que vamos sobrecarregar os outros
com nosso sofrimento, mas a verdade é que as pessoas que nos
amam querem estar ao nosso lado. Surpreendentemente, ao
compartilhar nossa dor, também permitimos que os outros se
abram e se sintam menos sozinhos em suas próprias lutas.

Pequenos passos, grandes avanços

Continuar após o luto não significa esquecer ou abandonar quem perdemos. Trata-se de honrar sua memória, vivendo da melhor maneira possível. E isso começa com pequenos passos.

Rotina: Retomar atividades simples do dia a dia pode trazer uma sensação de normalidade. Cozinhar uma refeição, cuidar das plantas, caminhar no parque são pequenas ações que ajudam a reconstruir o cotidiano.

Autocuidado: Preste atenção às suas necessidades físicas e emocionais. Alimente-se bem, descanse o suficiente, pratique atividades que lhe tragam conforto.

Criatividade: Expressar-se através da arte, escrita, música ou qualquer forma criativa pode ser uma forma poderosa de processar emoções.

Contribuição: Ajudar os outros pode trazer um sentido renovado de propósito. Participar de ações voluntárias, apoiar causas que eram importantes para quem partiu ou simplesmente estar presente para alguém em necessidade são formas de dar significado à dor.

A coragem de abraçar a vida novamente

Aos poucos, a dor aguda do luto dá lugar a uma saudade serena. E, então, é preciso ter coragem para abrir espaço para a alegria novamente, permitindo-se sorrir, rir, sentir prazer sem culpa.

Não é uma traição à memória de quem se foi. Pelo contrário, é uma homenagem à vida que continua e à influência positiva que essa pessoa teve em nós. É reconhecer que, apesar da perda, ainda há beleza no mundo, ainda há motivos para seguir em frente.

A fé — seja em algo maior ou em princípios que nos sustentem — muitas vezes se torna um ponto de apoio quando sentimos que tudo está desmoronando. Durante o luto, ela pode trazer um sopro de esperança quando tudo parece sem sentido, lembrando-nos de que, apesar da dor, ainda há propósito e aprendizado a encontrar. É a fé que nos sussurra que a tristeza não durará para sempre e que, adiante, há uma luz esperando por nós. E é justamente essa confiança que mantém a coragem de seguir em frente, mesmo quando parece que o chão sumiu.

Mantendo a conexão

Uma maneira de continuar é encontrar formas de manter a conexão com quem partiu. Isso pode ser através de rituais, como acender uma vela em datas especiais, visitar lugares significativos ou simplesmente relembrar histórias e momentos compartilhados.

No meu caso, criei o hábito de comemorar, em pensamento, minhas conquistas com meu pai, de forma a honrar toda a confiança e o orgulho que ele sentia de mim e que ajudou a construir em minha trajetória. Compartilho minhas conquistas, desafios, sentimentos. Isso me ajudou a sentir que, de alguma forma, ele ainda faz parte da minha jornada.

> **A coragem de continuar após o luto não é ser forte o tempo todo. Trata-se de aceitar a fragilidade, abraçar as emoções e, apesar da dor, escolher seguir em frente. É uma jornada sem mapas, sem certo ou errado, onde cada um encontra seu próprio caminho.**

Se você está passando por esse processo, saiba que não está sozinho. Permita-se sentir, buscar apoio e, aos poucos, redescobrir a alegria de viver. A vida nunca mais será a mesma, mas pode voltar a ser plena, rica e significativa.

A perda nos transforma, mas não precisa nos definir. A coragem de continuar é um tributo ao amor que sentimos, uma prova de que, mesmo diante da dor mais profunda, a esperança pode renascer. Dê a si mesmo o tempo e o carinho que merece, e lembre-se: cada novo dia é uma oportunidade de honrar a vida — a sua e a de quem partiu.

Dez anos após a morte do meu pai, eu postei nas redes sociais um post com o título "Meu pai não foi meu herói", que chocou parte da família por focarem apenas no título da postagem, sem lerem o conteúdo. Agora, compartilho esse texto com você, leitor.

Meu pai não foi meu herói

Da infância, as melhores lembranças são da colônia de férias de Valinhos e dos dias em Itanhaém; as piores eram as dos domingos em que ele ficava sentado no sofá, enquanto meu

PASSO DO GIGANTE

tio nos levava para jogar bola no Piqueri ou quando brincávamos na rua, mas nunca com ele... Em algumas ocasiões especiais, havia almoço na casa do vô Serafim e da vó Iolanda, o que eu achava chato para caramba... Durante a semana, ele chegava cansado do banco e... novela + sofá. Fumava na sala, e nós reclamávamos da fumaça... Ao contrário de outras crianças, que tinham compensação com brinquedos e bens materiais, estávamos longe dessa realidade, e ainda havia restrições em casa. Quem estava verdadeiramente presente no nosso dia a dia era minha mãe, dona Tânia, uma guerreira...

Aos 16 anos, já na faculdade, era duro ir de ônibus e de carona para as aulas... Aos 18, foi minha mãe quem acreditou em mim e me emprestou R$ 2 mil para comprar um Fiat 147 velhinho, meu primeiro carro. Aos 20, vi meu pai em uma maca de hospital, infartado, jogando um maço de cigarros no chão e questionando a existência de Deus. Foi nesse momento que percebi que ele era humano, uma pessoa como eu, com seus medos e fraquezas, virtudes e defeitos...

Aos 23, durante uma viagem dos meus pais, saí de casa e fui morar com a Simone, sem avisá-los... Aos 25, tive meu primeiro filho, e foi aí que o senhor Reis se tornou meu amigo. Foi só então que compreendi, de fato, tudo o que ele havia nos ensinado e qual era seu principal legado: ética, honestidade, esforço e sacrifício em prol da família... Eu e meus irmãos só estudamos no Colégio Agostiniano pelo sacrifício dos nossos pais. Do seu jeito, ele estava dando o seu melhor. Dos 25 aos 30, meu pai não foi meu herói; foi meu amigo, meu confidente, meu admirador e incentivador, meu porto seguro nas empreitadas da vida. Não foram poucas as vezes em que liguei para ele durante a semana para almoçarmos juntos... Nas viagens, nos divertimos muito. Ele me ensinou a fazer caipirinha, e seus churrascos foram inesquecíveis... Até porre em um queijo e vinho memorável em uma festa aconteceu, e meu ombro estava lá, conduzindo-o até o chuveiro gelado, com direito a gargalhadas e broncas do resto da família... Cumplicidade.

Tiramos uma foto em uma oportunidade em que falei para ele: "Pai, vamos registrar este dia, pois não sei mais quanto tempo teremos juntos nesta encarnação. Vamos eternizar este momento, um brinde à nossa amizade". Depois disso, ele ainda venceu uma batalha contra o câncer, viu o nascimento do segundo neto, proporcionou momentos de felicidade com minha mãe em viagens que nunca haviam tido a oportunidade de fazer... e faleceu deixando uma legião de amigos.

Nunca conheci ninguém que pudesse falar mal do meu pai... Sempre que é lembrado, é citado com muito carinho e saudade por todos.

À noite, na cama, depois de dias atribulados, ainda converso com ele, em oração, e continuo pedindo discernimento, equilíbrio, sabedoria e senso de justiça para minhas decisões. Meu coração se acalma ao saber que, onde quer que esteja, ele continua ao meu lado.

Obrigado, pai, por tudo...

"A perda nos transforma, mas não precisa nos definir. A coragem de continuar é um tributo ao amor que sentimos, uma prova de que, mesmo diante da dor mais profunda, a esperança pode renascer.

Encontrar a coragem para continuar após o luto é uma demonstração profunda de resiliência e esperança. Ao enfrentarmos a dor da perda, abrimos caminho para a cura e honramos a memória daqueles que partiram. Mais do que simplesmente seguir em frente, é uma virtude filosófica que reflete a capacidade humana de transformar o sofrimento em força, permitindo que a vida floresça novamente apesar da adversidade.

24
A CORAGEM PARA MUDAR

Mudar é assustador. Significa sair do familiar para mergulhar no desconhecido. É abrir mão do conhecido para buscar algo maior, mesmo sem a garantia de sucesso. Mas, em algum momento, todos nós sentimos o chamado da mudança. Seja em nossa vida pessoal, carreira, relacionamentos ou hábitos, a coragem de mudar é essencial para crescermos e vivermos plenamente.

O peso da zona de "conformismo"

A zona de conformismo tem um nome bem sugestivo, não é? Ali tudo é previsível, controlável, relativamente confortável e aparentemente seguro. Mas, na verdade, ela pode ser uma prisão disfarçada. Ficamos ali não porque estamos realizados, mas porque o medo de fracassar, de sermos julgados ou de enfrentar o desconhecido nos paralisa. Por isso eu a chamo de zona de conformismo, como já o fiz em alguns capítulos desta obra.

Reflita comigo: como está sua posição no seu emprego hoje? Está prosperando ou está estagnado? Ama o que faz ou faz apenas por obrigação ou necessidade? Odeia seu chefe e o ambiente de trabalho? Se você é empresário, sente-se plenamente satisfeito com os resultados e com seu time? Você está aprendendo, evoluindo e prosperando?

Quantas pessoas você conhece que, dia após dia, repetem as mesmas tarefas, sentindo que algo está faltando? Mas o medo de mudar as paralisa: "E se eu não encontrar algo melhor? E se der errado? E se eu me arrepender?" Esses pensamentos as mantêm presas por muito mais tempo do que gostariam de admitir, e assim o tempo, a vida e as oportunidades de mudança passam diante delas.

Agora responda com sinceridade, isso é para você uma zona de CONFORTO?

O despertar da necessidade de mudar

A mudança começa com uma inquietação. É aquela voz interna que sussurra: "Você pode mais", "Isso não é tudo o que a vida tem a oferecer". Essa voz pode ser abafada por um tempo, mas nunca silenciada completamente. Ela cresce até que se torna impossível ignorá-la.

Mas nem sempre é assim. Comigo, por exemplo, a mudança foi forçada. Como não tomei os cuidados necessários, não busquei o conhecimento para sair do operacional — da área técnica que tanto amo como engenheiro — para escalar para o tático e estratégico. Dei passos maiores que a minhas pernas, não calculei os riscos de um crescimento acelerado, não me preparei financeiramente e, na época, quebrei. Tive que mudar à força.

É como a parábola do monge e da vaca, resumida abaixo para quem ainda não a conhece:

Um monge e seu discípulo estavam andando quando encontraram uma casa bem pobre pelo caminho. Descobriram que nela vivia uma família cujo único sustento era tirado de uma vaca que possuíam. O monge, então, antes de ir embora daquele lugar, empurrou a vaca daquela família no precipício. O discípulo não entendeu por que o mestre tirou o único sustento deles. Ele não se explicou, e apenas foram embora.

Anos depois, o discípulo voltou àquele lugar, e encontrou uma casa melhor e a família em condições melhores. Ele perguntou aos moradores o que aconteceu com a pobre família que morava ali antes, e eles responderam que eram eles mesmos. Contaram que depois que a vaca que tinham morreu tragicamente, eles tiveram que arrumar outros modos de sobreviver. Começaram a plantar frutas e hortaliças, e com isso, conseguiram melhorar de vida.

Eu deixei que minha vaca caísse no precipício e tive que mudar a partir daí, sem opção de escolha, assim como milhares de profissionais que perdem seus empregos e só então começam a se mexer efetivamente (voltar a estudar, aprender um novo idioma, mudar de área de atuação, buscar aperfeiçoamento).

Ou ainda um cônjuge que espera uma separação para só então mudar seu comportamento, que foi se desgastando com o tempo, com a acomodação, com a estagnação, na zona de conformismo que citei anteriormente.

No final, o maior risco não era mudar, mas permanecer no mesmo lugar. Era a perspectiva de olhar para trás, anos depois, e perceber que havia desperdiçado meu potencial, minha paixão e a oportunidade de causar um impacto significativo nos negócios e na sociedade. Foi quando decidi que precisava de coragem de aprender novas habilidades, compartilhar conhecimento, multiplicar as fontes de receita e crescer.

A jornada da mudança

Mudança não acontece de uma só vez. É um processo que exige paciência, determinação e resiliência. Aqui estão algumas etapas que podem ajudar nesse caminho:

Reconheça a necessidade de mudar: Aceitar que algo precisa mudar é o primeiro passo. Reflita sobre o que está causando insatisfação ou estagnação em sua vida.

Defina um propósito claro: Pergunte-se: "Por que quero mudar? O que espero alcançar?". Ter um propósito ajuda a manter o foco e a motivação.

Planeje seus passos: A mudança parece menos assustadora quando você a divide em etapas menores. Crie um plano de ação com objetivos realistas.

Abrace o medo: Sentir medo é normal. Em vez de resistir a ele, use-o como combustível para se preparar melhor.

Cerque-se de apoio: Compartilhe sua decisão com pessoas de confiança. O apoio de amigos, mentores ou familiares pode fazer toda a diferença.

Aprenda com os obstáculos: Nem tudo sairá como planejado, e isso é parte do processo. Veja os desafios como oportunidades de aprendizado.

O papel da resiliência

Durante a mudança, você provavelmente enfrentará momentos de dúvida. Pode parecer mais fácil voltar atrás, para a zona de conformismo. Mas é nesses momentos que a resiliência se torna sua maior aliada. Lembre-se do motivo pelo qual começou e confie no processo.

Quando voltei a empreender após ter enfrentado uma falência, passei por semanas de incerteza. As dúvidas eram muitas, e a insegurança tomou conta de mim. Mas, em vez de desistir, decidi persistir. Lembrei-me de que cada passo me aproximava do lugar onde realmente queria estar.

O crescimento que vem com a mudança

A coragem de mudar traz como recompensa o crescimento. Ao sair da zona de conformismo, você descobre forças que nem sabia que tinha, aprende coisas novas e se torna mais resiliente e confiante. Mudar é, em última instância, um ato de amor-próprio. É reconhecer que você merece uma vida alinhada com seus valores e sonhos.

Quando finalmente prosperei nos negócios, tornei-me de fato um empresário, assumi posições de conselho, tornei-me um investidor e percebi que cada momento de dúvida e dificuldade havia valido a pena. A sensação de estar onde eu deveria estar é algo que não troco por nada.

Dicas práticas para cultivar a coragem de mudar

Faça pequenas mudanças diárias: Não subestime o poder dos pequenos passos. Mudar hábitos, experimentar coisas novas ou aprender uma habilidade podem ser o começo de transformações maiores.

Visualize seu futuro: Imagine como será sua vida após a mudança. Isso ajuda a manter a motivação.

Estude e planeje: Pesquise, aprenda e prepare-se. O conhecimento reduz o medo e aumenta sua confiança.

Aceite o tempo da mudança: Mudanças significativas levam tempo. Seja paciente consigo mesmo.

Celebre suas conquistas: Reconheça e comemore cada passo que você dá em direção à mudança.

A coragem que inspira

Ao tomar a decisão de mudar, você não apenas transforma sua vida, mas também inspira aqueles ao seu redor. Sua coragem pode ser o empurrão que alguém precisa para buscar suas próprias mudanças.

A mudança não é simples, mas está ao seu alcance. É uma jornada cheia de altos e baixos, mas cada esforço vale a pena. Afinal, viver plenamente significa estar disposto a recomeçar quantas vezes forem necessárias para ser fiel a quem você realmente é.

Então, se você sente o chamado da mudança, atenda a ele. Não deixe o medo ser maior que sua vontade de crescer. A coragem de mudar é o primeiro passo para uma vida mais genuína, vibrante e alinhada com seus sonhos.

Mudar não significa abrir mão do que temos, mas buscar o que merecemos. Confie em si mesmo, enfrente o desconhecido e descubra a versão mais forte e realizada de quem você pode ser. Afinal, a vida é muito curta para ser vivida no piloto automático.

> **Mudar não é desistir do que temos, mas buscar o que merecemos.**

Demonstrar a coragem de mudar é uma afirmação profunda de desenvolvimento pessoal e adaptabilidade. Ao abraçar novas ideias e abandonar velhos padrões, criamos oportunidades para a evolução e a concretização do nosso potencial. Mais do que simplesmente modificar circunstâncias, é uma virtude que reflete a disposição de questionar tanto as limitações internas quanto as externas, promovendo uma transformação que enriquece a existência.

25
A CORAGEM PARA BUSCAR O AUTOCONHECIMENTO

Você já se pegou olhando para o espelho, não apenas para sua aparência física, mas tentando enxergar além? Tentando entender quem realmente você é por dentro? Pois é, caro leitor, buscar o autoconhecimento é embarcar numa jornada sem mapas, repleta de curvas inesperadas, mas que leva ao destino mais importante: você mesmo.

Num post do projeto *Mergulhando na Vida* afirmei e repito aqui no livro: **"o mergulho mais profundo que um ser humano pode dar é para dentro de si mesmo, na busca de sua verdadeira essência".**

O autoconhecimento não significa alcançar a perfeição. É compreender e aceitar quem você é, com todas as suas virtudes e imperfeições. É olhar no espelho e dizer: "Eu me aceito como sou e estou disposto a crescer e evoluir, sem me punir por não ser impecável".

Desde pequenos, somos moldados por expectativas externas. A família, a escola e a sociedade impõem padrões sobre o que devemos ser, como devemos agir, o que devemos sentir. No meio desse turbilhão de vozes, a nossa própria voz acaba ficando abafada, quase inaudível. Mas chega um momento em que ela começa a gritar, pedindo para ser ouvida. Foi assim comigo.

A CORAGEM PARA BUSCAR O AUTOCONHECIMENTO

Lembro-me de um período em que, apesar de tudo parecer bem na superfície, eu sentia um vazio profundo. Tinha um bom salário, amigos e uma rotina confortável. Mas algo não se encaixava. Era como se eu estivesse vivendo a vida de outra pessoa. Foi quando percebi que precisava parar de fugir de mim mesmo e ter a coragem de me encarar.

A verdade é que, muitas vezes, temos medo do que podemos descobrir sobre nós mesmos. E se não gostarmos do que veremos? E se precisarmos admitir falhas, inseguranças ou desejos reprimidos? Mas deixa eu te contar uma coisa: **é justamente nesse confronto que reside a nossa força.**

Quando nos permitimos olhar para dentro, sem máscaras ou julgamentos, abrimos espaço para a transformação. Sim, pode ser desconfortável no início, mas é como limpar uma ferida para que ela cicatrize de verdade.

Quantas vezes colocamos máscaras para nos encaixar, para agradar, para sermos aceitos? Eu mesmo já fiz isso inúmeras vezes quando era mais jovem. Fingimos ser quem não somos por medo de não sermos amados pelo que realmente somos. Mas a verdade é que nenhuma conexão verdadeira pode ser construída sobre falsidades.

Ao ter a coragem de buscar o autoconhecimento, começamos a remover essas máscaras, camada por camada. E sabe o que é incrível? Descobrimos que somos muito mais interessantes, complexos e belos do que imaginávamos.

Não existe uma receita pronta para o autoconhecimento, mas posso compartilhar algumas coisas que me ajudaram nessa jornada:

Silêncio e reflexão: Em um mundo repleto de estímulos, encontrar momentos de silêncio é fundamental. Pode ser através da meditação, de uma caminhada na natureza ou simplesmente sentado em um lugar tranquilo. É nesse silêncio que conseguimos ouvir nossa voz interior.

Escrever sobre si mesmo: Colocar pensamentos e sentimentos no papel é uma forma poderosa para o autoconhecimento. Manter um diário, mesmo que simples, pode revelar padrões, desejos e receios que estavam ocultos.

Quando tracei a minha curva de percepção de vida, que já citei no capítulo em que eu explico o conceito "Passo do Gigante", tive reflexões profundas sobre o meu eu e minha vida.

Buscar terapia ou coaching: Ter um profissional para guiar esse processo pode fazer toda a diferença. Isso não é sinal de fraqueza, mas de coragem e autocuidado.

Conversar com pessoas próximas: Às vezes, amigos e familiares enxergam aspectos nossos que passam despercebidos. Pergunte a eles quais são suas percepções sobre você, seus pontos fortes e os aspectos que podem ser aprimorados.

Experimentar coisas novas: Sair da rotina, testar novos hobbies, viajar para lugares diferentes. Isso nos coloca em situações que revelam aspectos desconhecidos de nós mesmos.

Abraçando nossas sombras

Todos temos partes de nós que preferimos esconder — traços que consideramos negativos, erros do passado, inseguranças. Mas negar essas partes não as fazem desaparecer. Pelo contrário, essa negação apenas as fortalece. Ao termos a coragem de iluminá-las, conseguimos compreendê-las e integrá-las de maneira mais saudável.

No início da minha vida empreendedora, eu evitava reconhecer meu medo de falhar. Isso me impedia de arriscar e explorar novas possibilidades. Quando finalmente admiti esse medo, após justamente ter falhado, pude trabalhar essa questão e perceber que errar faz parte do aprendizado. Essa mudança de perspectiva me libertou para seguir caminhos que antes eu nem cogitava. Quando nos dedicamos ao autoconhecimento, conquistamos:

Autoconfiança: Conhecendo nossas forças e fraquezas, podemos agir com mais segurança.

Melhores relacionamentos: Entendendo nossas necessidades e limites, nos relacionamos de forma mais autêntica.

Propósito claro: Descobrimos o que realmente nos motiva e faz sentido, alinhando nossas ações com nossos valores.

Resiliência: Entendemos que temos recursos internos para lidar com os desafios da vida.

A jornada continua

Buscar o autoconhecimento não é uma tarefa com um ponto final. É um processo contínuo, pois estamos sempre em transformação, evoluindo. E isso é maravilhoso! Cada dia é uma oportunidade de aprender algo novo sobre nós mesmos.

Pode ser que, em alguns momentos, nos deparemos com aspectos de nossa personalidade que não gostamos. E está tudo bem. Isso faz parte. O importante é exercitar a autocompaixão, entender que somos humanos e que a perfeição não existe. Quero te convidar a dar esse passo: A ter a coragem de se olhar no espelho e perguntar: "Quem sou eu de verdade? O que eu quero para a minha vida?". Não pelos outros, mas por você.

Porque você merece viver de forma alinhada com sua essência e seu verdadeiro eu. E lembre-se: não há nada de errado em pedir ajuda nessa jornada. Seja conversando com alguém de confiança, lendo livros que inspiram ou buscando profissionais que possam guiar esse processo.

No fim das contas, buscar o autoconhecimento é como explorar um tesouro interior, esperando para ser descoberto. É reconhecer que você é único, com talentos, sonhos e experiências que somente você possui.

Então, meu amigo, tenha coragem. Mergulhe fundo em si mesmo. Talvez você se surpreenda com o que encontrará. E tenho certeza de que essa jornada vai te levar a lugares maravilhosos, onde a paz, a satisfação e a alegria genuína estão à sua espera

A vida é muito curta para vivermos desconectados de nós mesmos. Tenha coragem para se conhecer, se amar e ser quem você realmente é. O mundo precisa da sua autenticidade, da sua luz, da sua verdade. E, acima de tudo, você merece isso.

> **Quando nos permitimos olhar para dentro, sem máscaras ou julgamentos, abrimos espaço para a transformação.**

Ter a coragem de buscar o autoconhecimento é um ato profundo de sinceridade e vulnerabilidade. Ao direcionarmos o olhar para o nosso interior, encaramos nossos medos, contradições e potencialidades ocultas. Mais do que um exercício de introspecção, é uma virtude que ilumina a essência do ser, libertando-nos das ilusões superficiais e conduzindo-nos a uma existência mais autêntica e significativa.

26
A CORAGEM DE SER DIFERENTE

Você já teve aquela sensação de não se encaixar? De observar o ambiente ao seu redor e perceber que segue um ritmo diferente do restante do mundo? Talvez seja o jeito como você pensa, as roupas de que gosta, o estilo de música que curte ou as ideias "fora da caixa" que surgem com frequência na sua mente. Desde cedo, aprendemos a buscar aprovação, a seguir a maioria e a nos adaptar ao que é considerado "normal". Mas e se o normal não te faz feliz? E se, na verdade, o que te faz único é justamente o que o mundo mais precisa que você expresse?

Ser diferente exige coragem. Não aquela coragem de pular de paraquedas ou enfrentar um leão, mas a coragem de se mostrar ao mundo exatamente do jeito que você é, sem máscaras, sem tentar agradar todo mundo. Isso pode ser assustador, afinal, ninguém gosta de ser julgado, criticado ou excluído. Por outro lado, esconder quem você é de verdade também dói — é como segurar a respiração por tempo demais.

A pressão de ser "normal"

Desde a infância, aprendemos que há um caminho certo a seguir: falar de determinada forma, pensar conforme a maioria, gostar do que é popular. A ideia é "não chamar atenção", "não incomodar", "não sair do padrão". Mas, se você parar para refletir, perceberá que as pessoas mais inspiradoras, aquelas que realmente transformam o mundo ao seu redor, geralmente são as que tiveram a ousadia de quebrar regras invisíveis e desafiar o *status quo*. Elas compreenderam que a normalidade, muitas vezes, é apenas um conforto temporário que nos impede de ir além.

Eu mesmo já tentei me adaptar ao que considerava "normal". Por um tempo até funcionou. Nas reuniões fazia o que achava que os outros esperavam de mim, falava o que achava que queriam ouvir, engolia minhas ideias mais originais com medo do julgamento. Mas, no fundo, essa postura não me trazia paz. Era como vestir uma roupa apertada: externamente, tudo parecia adequado, mas internamente, o desconforto era constante.

Quando me permiti ser diferente, a princípio, senti medo. Medo de perder pessoas, de ser visto como estranho, de ficar sozinho. Mas, você sabe o que aconteceu? Aos poucos, as relações que não me aceitavam como eu sou acabaram se afastando e em seu lugar, surgiram pessoas que me respeitam e admiram por eu ousar ser autêntico. É incrível a leveza que sentimos quando deixamos de fingir e passamos a ser verdadeiros.

No início do programa *Café com Segurança*, que já citei no capítulo *A coragem de falar em público*, exploramos justamente a autenticidade e a verdade de cada membro do quarteto. Cada um com seu jeito, suas características únicas, suas "falhas", transmitindo uma mensagem leve e informal, sem máscaras, sem julgamentos, expondo-se da forma que realmente é. No palco ou nos bastidores, fizemos o que ninguém no mercado de segurança havia ousado fazer antes. Recentemente, durante o tratamento do câncer, participei de uma reunião de confraria de vinhos sem poder beber. Brindei diversas vezes com copos de água e suco, quebrando padrões sociais, e reafirmando a todos que o mais importante era a conexão entre as pessoas, os aprendizados e as boas risadas. Quando tive a coragem de realizar o transplante capilar, ao contrário de muitos amigos que preferiam se isolar ou viajar para fora do país por meses — por vergonha ou vaidade —, fiz vídeos e postei nas redes sociais. Mostrei a realidade do processo, os desafios, os benefícios, a superação e os resultados. Com isso, vários amigos e seguidores se sentiram motivados e encorajados a realizar também o procedimento ou a admitir que já haviam feito.

Ter coragem de ser diferente não é ser do contra só por rebeldia, mas assumir a sua essência. Significa reconhecer o próprio valor, suas preferências e ideias únicas e afirmar: "Eu sou assim, e está tudo bem". **É entender que você não precisa da aprovação de todos, apenas da sua própria. Quando nos respeitamos, transmitimos uma confiança genuína que atrai as pessoas certas e afasta aquelas que não acrescentam.**

Pense na sua autenticidade como um presente que você oferece ao mundo. Ao se mostrar de verdade, você inspira outras pessoas a fazerem o mesmo. É como acender uma chama que encoraja quem está ao redor a ser mais verdadeiro e inteiro. Dessa forma, criamos um ambiente onde as diferenças não só são aceitas, mas celebradas.

No trabalho, ser diferente pode significar propor soluções inovadoras, enxergar problemas por um ângulo que ninguém mais viu. Na vida pessoal, pode significar se relacionar de maneira mais sincera, construindo vínculos baseados em quem você é, e não no que esperam que você seja. Em última instância, significa viver com mais liberdade.

Certamente, devo destacar a importância do que já foi abordado no capítulo *A coragem para o autoconhecimento*. Certa vez, em uma dinâmica do grupo VIP na imersão RPN do Roberto

Shinyashiki, a tarefa na etapa de apresentação era: "Diga quem você é, sem dizer o que você faz". Confesso que não foi simples cumprir essa missão. Tente! Você tem coragem de dizer realmente quem você é, enfrentando o medo do julgamento? Sem dizer o que os outros são ou o que gostariam de ouvir?

Dicas práticas para honrar a sua diferença

Reconheça o que o torna único: Liste seus gostos, talentos, crenças. Seja sincero: o que faz você vibrar? O que o empolga e faz sentir vivo?

Faça as pazes com o desconforto: Sentir estranheza quando mostramos o verdadeiro "eu" é normal. É um sinal de crescimento e de rompimento do casulo.

Cerque-se de quem o valoriza: Busque pessoas que respeitam e apreciam quem você é. Esse apoio torna o caminho mais leve.

Tenha a coragem de dizer "não" ao que não faz sentido para você: Toda vez que você nega algo que não condiz com seus valores, aproxima-se mais de si mesmo (veja o capítulo **A coragem de dizer não**).

Seja paciente consigo mesmo: Ser diferente é um processo contínuo, não um ponto de chegada. Você vai se conhecer cada vez mais conforme avança.

O poder de assumir a própria essência

Ser diferente não é ser melhor ou pior que ninguém. Significa, simplesmente, ser você. Quando você aceita isso, um peso enorme se desprende. Você descobre que não precisa mais fingir nem buscar validação de pessoas que não reconhecem o seu verdadeiro valor. Essa coragem de assumir-se, de não se

A CORAGEM DE SER DIFERENTE

encaixar em padrões preestabelecidos, é um ato de amor-próprio. É afirmar para si mesmo: "Eu me aceito. Eu me respeito. Eu mereço ser feliz do jeito que sou". E acredite: quando você se trata assim, o mundo inteiro nota a sua luz.

Então, se hoje você se sente deslocado, se questiona se não seria mais fácil tentar ser como o resto da turma, lembre-se disso: **a sua diferença é a sua força, seu superpoder**. É a sua marca registrada, o seu selo de autenticidade. Tenha coragem de dizer ao mundo: **"Eu sou diferente, e é exatamente isso que me torna especial"**.

" Ser diferente não significa ser melhor ou pior que ninguém; é simplesmente ser você.

Manifestar a coragem de ser diferente é afirmar a liberdade de seguir um caminho próprio, distante dos padrões convencionais. Ao afastar-se do conforto proporcionado pelo coletivo, abrimos espaço para a criatividade, a inovação e a descoberta de nossa verdadeira identidade. Mais do que um ato de resistência, é uma virtude que honra a singularidade do indivíduo, celebrando a diversidade que enriquece o tecido da existência humana.

27

A CORAGEM PARA AMAR

Sabe aquele frio na barriga que a gente sente quando está diante de algo muito especial, mas também assustador? É mais ou menos essa a sensação que temos quando pensamos em amar de verdade. E não falo apenas do amor romântico, mas de todas as suas formas: por um parceiro, um filho, um amigo ou até por nós mesmos. **Amar é se abrir ao outro, expor-se, colocar o coração na mesa sem ter certeza de como o outro vai reagir.** E isso requer coragem.

Amar é permitir-se sentir profundamente. É correr o risco de se machucar, de não ser correspondido, de ser incompreendido. **Muitas vezes, é mais fácil se fechar, erguer muros e manter-se distante. Dessa forma, ninguém nos fere. Mas também ninguém nos toca, ninguém nos transforma.** Ao evitar a dor, também nos privamos da alegria de compartilhar momentos, dividir segredos, criar memórias e apoiar aqueles que precisam de nós.

Quando amamos, mostramos nossas cicatrizes. **Revelamos quem somos sob as camadas de proteção. E isso pode ser assustador.** Mas é justamente aí que se encontra a beleza: ao expor nossas fragilidades, permitimos que o outro nos veja por inteiro. E só assim um vínculo verdadeiro, pode nascer.

O medo da rejeição

A rejeição talvez seja o fantasma mais cruel nesse cenário. **Quem nunca teve medo de dizer "eu te amo" e ouvir um silêncio do outro lado?** Ou de se declarar a um amigo e perceber que a amizade não era tão profunda quanto imaginava? O temor de não ser aceito, de não ser valorizado como esperamos, é real. **Mas a coragem de amar não está em garantir a aceitação do outro, e sim em se entregar, com a alma exposta, independentemente da resposta.**

Tenho um amigo que sempre dizia: "Não preciso demonstrar carinho, assim não me machuco". Ele era duro, irônico, fechado, apesar de, por dentro, ser um cara sensível. Ver essa postura me incomodava, pois eu sabia que ele apenas se protegia por trás de uma carapaça rígida. Com o tempo, ele percebeu que viver sem demonstrar amor era atravessar a vida sem realmente tocá-la. Aos poucos, foi se permitindo sentir. Sim, algumas vezes se feriu, mas também descobriu que existem pessoas dispostas a retribuir o amor que oferecemos.

A coragem de confiar

Para amar, precisamos confiar. Confiar em nós mesmos, no nosso valor, na nossa capacidade de dar e receber amor. Confiar no outro, acreditar que ele pode, sim, cuidar do que há de mais precioso em nós. Confiar que, mesmo que a dor venha, ela passará e sempre haverá a chance de recomeçar.

Essa confiança não surge da noite para o dia. Às vezes, ela nasce de pequenos gestos: um amigo que nos ouve sem julgamento, um familiar que nos apoia sem esperar nada em troca, um parceiro que enxuga nossas lágrimas e permanece ao nosso

A liberdade que o amor traz

Pode parecer contraditório, mas ao nos abrirmos ao amor, não nos tornamos mais vulneráveis e sem controle; na verdade, tornamo-nos mais livres. Livres da necessidade de parecer sempre fortes, sempre imbatíveis. Livres para sentir medo, alegria, tristeza e esperança, sem precisar esconder quem realmente somos. Livres para sermos humanos.

Quando amamos, nossos passos pelo mundo ficam mais leves. Sabemos que não estamos sós, que há alguém que se importa, que torce por nós e celebra nossas conquistas. E isso faz a diferença nos dias difíceis, aqueles em que tudo parece cinza. Nessas horas, lembrar que existe alguém que nos ama e que nós também amamos é um farol em meio à escuridão.

Dicas práticas para nutrir a coragem de amar

Pratique a vulnerabilidade: Aos poucos, compartilhe algo pessoal com alguém em quem confia. Observe como se sente ao se abrir.

Acredite no seu valor: Você merece ser amado e amar, independentemente do que tenha acontecido no passado. Nenhuma experiência negativa anula sua capacidade de amar.

Cultive o autocuidado: Aprender a se amar é um passo fundamental. Quando você se trata com carinho, fica mais fácil dar e receber amor dos outros.

Não fuja dos sentimentos: Se algo te emociona, permita-se sentir. Chorar, sorrir e expressar o que se passa em seu interior são formas de honrar seus sentimentos. A repressão emocional pode criar barreiras desnecessárias; por isso, abrace suas emoções com autenticidade.

Abra espaço para o novo: Talvez o amor se manifeste de uma forma inesperada, vindo de alguém ou de uma situação que você jamais imaginou. Esteja aberto às surpresas, pois muitas vezes a vida nos surpreende com conexões que não estavam em nossos planos.

O poder transformador do amor

A coragem de amar nos transforma profundamente. Ensina sobre empatia, compaixão e paciência. O amor cria laços que ultrapassam o tempo e o espaço. **Mesmo quando uma relação acaba, o amor vivido não se perde — ele deixa marcas, ensinamentos, lembranças que moldam quem somos.**

No fim das contas, amar é a essência da nossa experiência humana. Ter a coragem de amar é um dos atos mais nobres e recompensadores que podemos praticar. A vida, sem amor, é como uma tela em branco. O amor é o pincel que dá cor, forma e sentido à existência. Então, mesmo que o coração bata mais rápido, as mãos transpirem e a voz falhe, encontre a coragem para amar. Permita-se se importar, se envolver e se doar. Vai doer às vezes? Sim. Mas, sem dúvida, valerá a pena. **Na soma dos acertos e erros, o amor sempre deixa um saldo positivo em nossa conta emocional.**

> **Muitas vezes, é mais fácil se fechar, erguer muros e se manter distante. Dessa forma, ninguém nos fere. Mas também ninguém nos toca, ninguém nos transforma.**

Demonstrar a coragem de amar é abrir o coração diante da incerteza e do risco, reconhecendo a própria vulnerabilidade ao se entregar ao desconhecido do outro. Ao transcender as barreiras erguidas pelo medo e pela decepção, descobrimos a verdade essencial que une os seres humanos em suas fragilidades e potências. Mais do que um sentimento, o amor é uma virtude que celebra a capacidade de confiar, compartilhar e florescer, mesmo diante dos ventos contrários da existência.

28
A CORAGEM PARA PERDOAR

Perdoar não é fácil. Na verdade, é uma das atitudes mais desafiadoras que enfrentamos ao longo da vida. E, ao contrário do que muita gente acredita, o perdão não é um ato de fraqueza, mas sim de profunda coragem. Coragem para encararmos a dor, para revermos feridas antigas e, principalmente, para nos libertarmos do peso que elas carregam.

Quais mágoas você ainda carrega? Há quanto tempo? Como o perdão pode libertá-lo para viver de forma mais leve e verdadeira?

Imagine um machucado no corpo: se não tratada, a ferida infecciona e piora com o tempo. O mesmo acontece com as feridas emocionais. Cada mágoa não curada, cada rancor que mantemos apertado no peito, atua como um peso invisível que nos impede de seguir adiante. É como tentar correr com uma mochila cheia de pedras. Perdoar significa remover essas pedras, uma a uma, sentindo o alívio de abandonar um fardo desnecessário.

Houve uma época em que eu guardava rancor de um amigo que me traiu. Era um peso silencioso, mas que aumentava minha desconfiança nas pessoas e dificultava a criação de laços profundos, inclusive nos negócios. O ressentimento não estava só entre mim e ele; influenciava minhas outras relações, meu sono, minha leveza ao encarar a vida. Quando, enfim, decidi perdoá-lo — não porque ele merecia, mas porque eu merecia me libertar — senti um alívio imenso.

O mesmo aconteceu com funcionários que ajudei e que depois me traíram no meu momento de maior fraqueza e desespero. Perdoei-os a ponto de até esquecer o nome de um deles. Literalmente apaguei da memória. Mas não os quero perto de mim — e esse direito também faz parte do verdadeiro perdão.

O que é o perdão de verdade?

Perdoar não é dizer que a atitude do outro não teve importância. Não é fingir que nada aconteceu. **O perdão genuíno reconhece a dor, a injustiça, a quebra de confiança, mas também entende que ficar preso a esses sentimentos não resolve nada — só prolonga o sofrimento.**

Além disso, perdoar não implica necessariamente permitir que a pessoa retorne à sua vida da mesma forma. Você pode perdoar alguém e, ainda assim, estabelecer limites claros para não se machucar novamente. **O perdão é um ato interno de liberação, não uma obrigação de reconciliação externa.**

O perdão é, sobretudo, um gesto de amor-próprio. É um presente que você se dá para não passar o resto dos seus dias preso ao passado. Quando compreendemos essa verdade, a coragem de perdoar faz mais sentido. **Você não perdoa porque o outro merece, mas porque você precisa de paz.**

Por que é tão difícil perdoar?

Por trás da dificuldade de perdoar, muitas vezes está o medo. Medo de parecer fraco, medo de ser injusto consigo mesmo, medo de abrir a guarda e ser ferido de novo. Também pode haver o orgulho, aquela voz interna dizendo que perdoar é "dar o braço a torcer".

Mas a verdade é que guardar rancor não nos protege. Pelo contrário, nos impede de viver plenamente. Enquanto alimentamos o ressentimento, ficamos presos ao passado, revivendo a dor, a mágoa, a injustiça. Perdoar exige coragem para soltar essa corda e seguir em frente, encarando o presente com um coração mais leve.

Além disso, a coragem de perdoar nos traz benefícios imensos. Ao deixar ir o rancor, abrimos espaço para sentimentos mais leves, como a compaixão, a empatia e a serenidade. Passamos a compreender que, por trás de cada erro, geralmente há um ser humano confuso, imperfeito, lidando com suas próprias dores e limitações, também em um estágio do seu processo de aprendizado e evolução.

O perdão também melhora nossa saúde emocional. Estudos mostraram que quem pratica o perdão sente menos estresse, dorme melhor e até melhora seu bem-estar físico. Além disso, perdoar nos permite olhar o mundo com mais generosidade, reacreditar nas pessoas e permitir que novas conexões se formem sem a sombra de feridas antigas.

Dicas práticas para cultivar a coragem de perdoar

Reconheça a dor: Antes de perdoar, admita o que realmente doeu. Não tente minimizar o sofrimento. Dê nome aos sentimentos e à experiência vivida.

Entenda as emoções: Pergunte a você mesmo por que aquilo te feriu tanto. Foi a falta de respeito, a deslealdade, a ausência de empatia? Compreender a origem da mágoa facilita o processo de cura.

Pratique a autocompaixão: Seja gentil com você mesmo. Perdoar não significa abrir mão do seu valor. Você está apenas escolhendo não carregar mais o peso do ressentimento.

Reflita sobre o outro: Isso não significa justificar o erro, mas tentar compreender que o outro é humano, com falhas e limitações. Essa perspectiva pode ajudar a aliviar sentimentos como raiva e ressentimento.

Solte o passado: Entenda que a mágoa está no passado. O perdão é um ato do presente, que permite liberar o futuro. Ao perdoar, você decide parar de alimentar a dor.

Busque ajuda se necessário: Às vezes, a ferida é tão profunda que precisamos de terapia, um grupo de apoio ou alguém que nos ajude a navegar essas emoções complexas.

A importância de perdoar a si mesmo

Muitas vezes, falamos em perdoar o outro, mas há um tipo de perdão que é ainda mais difícil: o autoperdão. Carregamos culpas, arrependimentos, falhas que cometemos. Perdoar a nós mesmos significa olhar para o espelho e reconhecer: *Eu errei, mas sou humano. Estou aprendendo e mereço uma segunda chance.*

Esse ato de autocompaixão é um passo fundamental rumo à nossa paz interior. Sem se perdoar, é difícil perdoar os outros. **Quem não se trata com misericórdia, dificilmente aprenderá a tratar os outros com bondade.**

Transformação através do perdão

Quando você encontra coragem para perdoar, algo se transforma dentro de você. É como se uma janela se abrisse, deixando o ar fresco entrar em um ambiente antes abafado. O perdão transforma não apenas a relação com quem o feriu, mas também a forma como você enxerga o mundo. Ao compreender que todos somos capazes de errar e de aprender com nossos erros, você desenvolve uma visão mais compassiva da vida.

A coragem de perdoar não surge de um dia para o outro. Às vezes, ela exige um processo longo de reflexão e amadurecimento emocional. Mas acredite: vale cada esforço. Uma vida sem rancores é mais leve, proporciona uma existência mais leve, autêntica e feliz.

Perdoar é um ato de bravura, não de fraqueza. É a coragem de dizer para você mesmo: "Não permitirei que a dor do passado defina meu presente". Ao praticar o perdão, você assume o controle da sua própria história, liberta-se das correntes invisíveis do ressentimento e cria espaço para que o amor, a compreensão e a paz floresçam no seu coração.

Portanto, se você está em dúvida sobre perdoar ou não, lembre-se: perdoar não significa perder, mas sim ganhar liberdade. É abrir as asas da alma para voar acima das mágoas, superar as feridas, e alcançar um lugar onde a luz da serenidade brilha mais forte do que as sombras do passado.

> **Você não perdoa porque o outro merece, e sim porque VOCÊ precisa de paz.**

Demonstrar a coragem de perdoar é transcender as fronteiras do ressentimento e da mágoa, reconhecendo que o outro, assim como nós, possui falhas e fragilidades. Ao libertar-se do peso do rancor, criamos espaço para a cura interior e para o reestabelecimento de laços antes rompidos. Mais do que um gesto de magnanimidade, é uma virtude que honra a capacidade humana de se transformar, promovendo um ciclo contínuo de compreensão, crescimento e reconciliação.

29
A CORAGEM DE SER FELIZ

Estamos chegando ao fim deste primeiro **Passo do Gigante**. Ao longo destas páginas, falamos sobre a coragem de não desistir, de recomeçar, de falar em público, de liderar, de enfrentar o medo da morte, de empreender, de ter sócios, de demitir, de rir de si mesmo, de dizer não, de inovar, de educar nossos filhos, de dialogar, de identificar a síndrome do impostor, de negociar, de se tornar um investidor, de assumir nossos erros, de continuar após o luto, de mudar, de perdoar, de amar, de olhar para dentro de si e de ser diferente. Mergulhamos em cenários internos e externos, enfrentando medos, mágoas, incertezas e fraquezas. Compreendemos como o medo nos impacta desde os primórdios, podendo ser nosso aliado ou inimigo, e o que acontece com nosso corpo quando o sentimos de forma intensa. Mas, no final de tudo, existe uma coragem talvez ainda mais difícil de cultivar: a coragem de ser feliz.

À primeira vista, pode parecer estranho. Afinal, a felicidade não deveria ser algo natural e simples? Por que precisaríamos de coragem para abraçar algo tão bonito? A verdade é que a felicidade assusta. Ela pede que deixemos as armaduras no chão, que desaceleremos o passo, que aceitemos a vida como ela realmente é. Ser feliz exige que a gente se exponha ao sol, arriscando se queimar e sentindo o calor do mundo em cada célula do corpo. E quem nunca temeu a própria luz?

O medo de não merecer

Um dos maiores inimigos da felicidade é a crença de que não a merecemos. Carregamos culpas antigas, arrependimentos nunca resolvidos, a sensação de que precisaríamos ser impecáveis e irrepreensíveis para alcançá-la. Mas ninguém é impecável. Todos temos falhas, histórias complicadas, erros que nos doem ao serem relembrados. A coragem de ser feliz passa por olhar para essas falhas e dizer: "Mesmo assim, eu mereço. Mereço aprender com meus erros em vez de me punir por eles. Mereço me abrir para o que há de bom, mesmo que o passado tenha feridas".

> **A felicidade não é um prêmio reservado aos perfeitos. É um estado de ser que podemos escolher, um espaço interno que podemos habitar, mesmo com todas as imperfeições que nos fazem humanos.**

A pressão da felicidade perfeita

Vivemos em mundo que nos bombardeia com imagens de uma felicidade impecável e ininterrupta: sorrisos largos nas redes sociais, conquistas sem esforço aparente, relacionamentos ideais. Essa miragem cria uma pressão silenciosa. Pensamos:

"Se minha felicidade não se parece com essa, talvez eu não esteja realmente feliz". Mas a felicidade verdadeira não é um comercial de TV nem apenas postagens lindas nas redes sociais. Ela é cheia de nuances. É rir em um dia e chorar no outro, é ter dúvidas e ainda assim sentir gratidão, é se sentir vivo mesmo quando as coisas não saem conforme o planejado.

A coragem de ser feliz está em abraçar a vida real, com todos os seus tons. É compreender que **a felicidade não é a ausência de problemas, mas a arte de encontrar significado e beleza apesar deles.** Ser feliz é caminhar pelo parque sabendo que nem todos os dias haverá sol, mas ainda assim apreciar o vento no rosto.

A felicidade como escolha

Por mais clichê que pareça, a felicidade é, sim, uma escolha — ou melhor, uma série de escolhas cotidianas. É decidir se importar apenas com o que realmente vale a pena e deixar para trás o que só pesa. É dizer "sim" ao que alimenta a alma e "não" ao que intoxica. É se cercar de pessoas que nos inspiram em vez daquelas que nos drenam. É aprender a saborear o presente, ainda que o futuro seja incerto.

Não, essa escolha nem sempre é fácil. Às vezes, temos que abrir mão da nossa zona de conformismo, sair das trincheiras do vitimismo ou da apatia para enxergar oportunidades de sorrir. Às vezes, temos que cair para frente, abraçando as vulnerabilidades que tanto tememos.

A gratidão como caminho

A gratidão é uma das ferramentas mais poderosas para nutrir a coragem de ser feliz. Agradecer pelo que temos, pelo que somos, pelas lições que a vida nos traz, pelas pessoas que nos apoiam e até pelos obstáculos que nos fazem crescer.

Quando aprendemos a valorizar o que já está presente, o que já conquistamos, o que já vivemos, criamos um terreno fértil para que a felicidade floresça.

A gratidão não nega as dificuldades. Ela apenas as coloca em perspectiva. Ao agradecer, nos lembramos de que, apesar dos pesares, ainda somos capazes de encontrar luz. E essa luz, por menor que seja, pode iluminar todo um caminho.

A coragem de sentir intensamente

Muitas vezes, o medo da felicidade está no medo da impermanência. Pensamos: "Se eu me permitir ser feliz agora, o que acontecerá quando essa felicidade acabar?". De fato, a felicidade pode ser fugaz. Momentos passam, fases mudam, nada é permanente. Mas a intensidade da vida está justamente nessa dança. Ter a coragem de ser feliz é aceitar que tudo pode mudar e, mesmo assim, mergulhar de cabeça no presente. É viver cada emoção plenamente, sem a ilusão de controlá-la para sempre.

A felicidade não é um ponto-final, mas uma vírgula constante na nossa jornada. E ter coragem de ser feliz é permitir que essas pequenas alegrias transformem nossa narrativa pessoal em algo dinâmico, interessante e cheio de recomeços possíveis.

Construindo uma felicidade autêntica

Para ser feliz, não precisamos de validação externa. Não precisamos que todos entendam nosso jeito de ser. Não precisamos encaixar nossos sonhos nos padrões dos outros. Precisamos, sim, da coragem de assumir nossa própria autenticidade. De dizer: "Eu sou assim, eu sinto assim, e está tudo bem". Assim como discutimos no capítulo **A coragem para ser diferente**, aceitar nossa singularidade é um ato de liberdade. A felicidade autêntica nasce quando deixamos de nos comparar, quando paramos de medir nosso valor com base em alheios. Quando trocamos a necessidade de aprovação pelo prazer de nos aceitarmos e nos descobrirmos melhor a cada dia. Essa é a verdadeira coragem: viver de acordo com a nossa verdade interior, mesmo que o mundo nos diga o contrário.

A felicidade como legado

Ao ter coragem de ser feliz, tornamos nosso coração mais leve, e isso se reflete no impacto que deixamos no mundo. Pessoas felizes são mais gentis, mais dispostas a colaborar, mais inspiradas a criar beleza e harmonia ao redor. Ao escolher a felicidade, influenciamos positivamente nossa família, nossos amigos, nossos colegas de trabalho e todas as pessoas com quem interagimos. Criamos um círculo virtuoso onde a nossa coragem de ser feliz incentiva outras pessoas a tentarem também.

Esse é o legado maior: mostrar, através do nosso exemplo, que a felicidade é possível. Que ela não é um luxo inalcançável, mas um direito, uma escolha e um ato de fé na vida. Quando temos a coragem de sermos felizes, damos às próximas gerações o presente de acreditarem na própria alegria.

O ato final de coragem

Chegamos ao fim. Ou, quem sabe, a um novo começo. Depois de refletirmos sobre tantos temas, entendemos que cada ato de coragem — seja o de perdoar, o de amar, o de mudar, o de ser diferente, o de olhar para dentro ou o de dialogar — nos conduz a um mesmo destino: a possibilidade de viver de forma mais plena e significativa. **Ser feliz não é um estado permanente, mas um compromisso diário. É um exercício constante, uma dança delicada entre o que nos aconteceu, o que sentimos agora e o que esperamos do futuro.** A felicidade, assim como a coragem, se alimenta do que fazemos no presente.

Então, que este livro seja um convite para o seu próprio *Passo do Gigante*. Tenha a coragem de ser feliz, apesar das dúvidas, dos medos e das incertezas. Escolha cultivar a alegria, a gratidão, a leveza. Abrace a vida com o coração aberto, sabendo que a verdadeira coragem não está em não sentir medo, mas em seguir adiante, mesmo convivendo com ele. E, ao fazê-lo, descubra que a felicidade é muito mais do que um objetivo distante — é um caminho que podemos trilhar todos os dias, com a ousadia de quem sabe que merece, sim, ser feliz.

"

Entender que a felicidade não é a ausência de problemas, mas a arte de encontrar significado e beleza apesar deles.

Demonstrar a coragem de ser feliz significa reivindicar o direito à plenitude em um mundo repleto de incertezas e desafios. Ao assumir essa postura, enfrentamos as vozes internas e externas que tentam minimizar nossos anseios, permitindo que a alegria floresça livremente, sem receio de julgamentos.

EPÍLOGO

Parabéns! De verdade, de coração. A sua chegada até aqui significa muito mais do que apenas ter lido este livro: você percorreu uma jornada de reflexão, enfrentou seus medos capítulo a capítulo, sentiu frio na barriga, tensão, dúvida, mas seguiu adiante. E esse caminho foi construído não apenas por mim, que escrevi cada parte em anos de dedicação, mas por você, que aceitou o convite de olhar nos olhos do medo e enxergar além dele.

Agora é hora de transformar as ideias em ação. Lembra-se do capítulo *Enfim, o medo é um aliado ou inimigo?* Volte até lá e pegue aquela lista das situações em que o medo vem atrapalhando seus passos.

Este é um momento crucial: observe cada linha, cada desafio anotado e defina um **Passo do Gigante** para superar cada um deles. Escreva ao lado de cada situação uma mudança de comportamento, uma atitude que você pode tomar, por menor que seja, para transformar medo em coragem.

Estabeleça um compromisso com você mesmo. Não é comigo, nem com este livro, mas sim com a pessoa mais importante da sua história: você. Periodicamente, volte a essa lista, releia seu plano de ação, acompanhe o seu progresso e celebre cada conquista, por menor que pareça. São esses passos, um após o outro, que constroem um caminho de aprendizado, evolução, crescimento e, por que não dizer, libertação.

Lembre-se: a coragem não é um ponto de chegada, mas sim um estado que você cultiva diariamente. Ela é o combustível para enfrentar novos desafios, reinventar velhas crenças e se abrir para possibilidades que antes pareciam distantes. Ao praticar esses **Passos do Gigante**, você não apenas sai da sua zona de conformismo, mas também percebe que o medo, antes um obstáculo intransponível, pode se tornar um professor valioso, trazendo lições fundamentais sobre quem você é e quem pode se tornar.

Por fim, gostaria de agradecer por seu tempo, sua confiança, sua entrega emocional a cada capítulo. Obrigado por permitir que estas páginas se tornassem companheiras na sua caminhada. E, mais do que isso, agradeço antecipadamente por compartilhar este livro com as pessoas do seu convívio — amigos, familiares, vizinhos, colegas de trabalho. Ao espalhar esta jornada com quem você ama, você propaga coragem, empatia, amor e esperança. Você contribui para que outros também descubram a força que existe dentro deles, assim ajudamos juntos a criar um mundo onde o medo não aprisiona, mas motiva a crescer.

Agora, com suas anotações em mãos, o coração mais leve e a certeza de que você é capaz de muito mais do que imaginava, chegou a sua vez de escrever a próxima página da sua história. O mundo aguarda o seu próximo **Passo do Gigante**.

POSFÁCIO

Por comandante Diógenes Lucca

Ao final dessa jornada, pelas páginas deste livro, não posso deixar de refletir sobre a profunda conexão que desenvolvi com Kleber, um amigo de anos, cuja empatia e compreensão mútuas são verdadeiramente extraordinárias.

Tudo tem início na experiência do Kleber como *dive master*, em particular em um momento especial de todo mergulhador: quando, embarcado e já totalmente equipado, tem que dar o **Passo do Gigante** antes de entrar na água. Situação essa bem descrita no início desta obra.

Esse momento é tenso e se assemelha à metáfora do rio que, ao final de sua jornada, teme desaguar no mar. O rio olha para trás, para a trajetória que percorreu, e enxerga diante de si um oceano tão vasto que entrar nele parece ser o seu fim — o desaparecimento de sua identidade. No entanto, ao perceber que esse destino é inevitável, uma paz inexplicável o envolve. Ele se acalma, e, ao deixar de ser rio, torna-se oceano.

Kleber nos convida a explorar a complexidade do medo em muitas situações da nossa vida: o que há dentro de nós mesmos, nas nossas relações próximas, nos negócios e no empreendedorismo. Mas, acima de tudo, ele nos ensina sobre a coragem necessária para enfrentar as adversidades que a vida nos impõe.

A minha percepção é que Kleber busca ativar em você a coragem que já existe dentro de si — a coragem para viver melhor, para ser mais feliz, para crescer e evoluir. O que torna este livro mais impactante é o contexto em que foi escrito. Kleber não hesita em compartilhar lições de coragem, não apenas com base no vasto conhecimento que adquiriu como leitor voraz, mas também nos aprendizados extraídos das adversidades que enfrentou ao longo da vida. O que me faz lembrar uma frase que usamos nas Tropas de Elite: *As palavras convencem, mas o exemplo arrasta.*

Neste livro, somos estimulados a confrontar os nossos medos, a transformá-los em trampolins para o nosso crescimento e evolução nos mais diversos aspectos da vida.

Agradeço ao Kleber por compartilhar a sua jornada e por nos inspirar com coragem a enfrentar os nossos medos de maneira tão poderosa.

Que este livro ative em você de uma maneira ainda mais plena a coragem para abraçar a vida com toda intensidade e ser ainda mais feliz.

Diógenes Lucca

REFERÊNCIAS BIBLIOGRÁFICAS

BANCO MUNDIAL. *Doing Business Report*. Disponível em: https://www.worldbank.org. Acesso em 05/03/2025.

BARBOSA, Christian. *A tríade do tempo*. São Paulo: Buzz Editora, 2018.

BROWN, Brené. *A coragem de ser imperfeito*: como aceitar a própria vulnerabilidade, vencer a vergonha e ousar ser quem você é pode levá-lo a uma vida mais plena. Rio de Janeiro: Sextante, 2016.

BROWN, Brené. *The Power of Vulnerability*. TED Talk, 2010. Acessado em 19/06/2022.

CARNEGIE, Dale. *Como fazer amigos e influenciar pessoas*. Rio de Janeiro: Sextante, 2019.

CUDDY, Amy. *O poder da presença*: Como a linguagem corporal pode ajudar você a aumentar sua autoconfiança e a enfrentar os desafios. Rio de Janeiro: Sextante, 2016.

DALAI LAMA; CUTLER. Howard C. *A arte da felicidade: um manual para a vida*. São Paulo: Martins Fontes, 2019.

JUNG, Carl. *Memórias, sonhos, reflexões*. Rio de Janeiro: Nova Fronteira, 2019.

KEPLER, João. *O ponto cego empresarial*: o que você não está enxergando dentro e fora do seu negócio. São Paulo: Gente, 2024.

KEPLER, João. *O poder do equity*: como investir em negócios inovadores, escaláveis e exponenciais e se tornar um investidor-anjo. São Paulo: Gente, 2021.

KEPLER, João. *Se vira, moleque!*: prepare seu filho para construir uma vida com protagonismo, autorresponsabilidade, atitude empreendedora, realização pessoal e prosperidade. São Paulo: Gente, 2020.

KEPLER, João. *Smart money*: a arte de atrair investidores e dinheiro inteligente para seu negócio. São Paulo: Gente, 2018.

KLINJEY, Rossandro. *Help! Me eduque*. São Paulo: LetraMais, 2017.

LUCCA, Diógenes. *O negociador*. Estratégias de negociação para situações extremas. São Paulo: Alta Books, 2018.

LUCCA, Diógenes. *Super performance*: lições das tropas de elite para o mundo corporativo. São Paulo: Faro Editorial, 2021.

MARQUES, Marcus. *Manual de Gestão Empresarial*. Publicação independente. (2018)

PIANGERS, Marcos. *Papai é pop*. Porto Alegre: Belas-Letras, 2015.

ROBBINS, Tony. *Awaken the giant within*. Nova York: Summit Books, 1992.

SHINYASHIKI, Roberto. *Você*: a alma do negócio. São Paulo: Gente, 2001.

SINEK, Simon. *Comece pelo porquê*: como grandes líderes inspiram pessoas e equipes a agir. Rio de Janeiro: Sextante, 2018.

LEIA TAMBÉM:

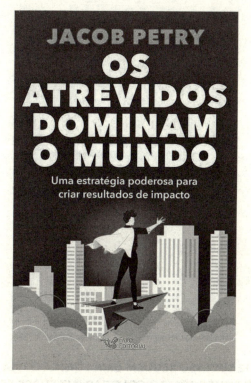

ATREVA-SE

Dois estudantes se conhecem num passeio de calouros por São Francisco. Tornam-se amigos e criam uma ferramenta para organizar o conteúdo disponível na internet. Tentam vendê-la, mas não encontram interessados. Sem muitas alternativas, desenvolvem o aplicativo e lançam no próprio círculo estudantil. Uma década depois, a empresa é uma das mais valiosas do mundo: o Facebook.

Um advogado pede demissão do seu emprego para se dedicar ao ofício da escrita. Ao longo de 18 anos, não consegue produzir nada que chame o mínimo de atenção de editoras e agentes. Então, lança um livro que se torna um sucesso absoluto e conquista os maiores prêmios literários dos Estados Unidos.

No auge do inverno, um avião com um time de rúgbi cai numa região remota dos Andes. Muitos deles sobrevivem apesar do frio e escassez de água e comida. Depois de dois meses, um deles convence o amigo a se arriscarem na neve, a fim de aumentar as chances de resgate do grupo. Depois de caminhar por 10 dias, encontram ajuda e salvam os demais sobreviventes.

O que distingue essas pessoas? Elas desenvolveram uma virtude que lhes permite ter êxito onde a maioria de nós fracassa. Ao invés de desistir diante de uma recusa ou adversidade, **elas assumem uma atitude atrevida encarando os obstáculos.** Com provocações e *insights* inteligentes, Jacob Petry mostra um lado desconhecido do sucesso que a maioria de nós ignora e que pode redefinir completamente sua postura diante da vida.

LEIA TAMBÉM:

PESSOAS DE SUCESSO SEGUEM UMA LÓGICA ÓBVIA E SIMPLES, MAS MUITO PODEROSA. AO COLOCAR LUZ SOBRE ESSA LÓGICA, JACOB PETRY OFERECE UM FASCINANTE PADRÃO DE ATITUDES QUE FACILMENTE PODE SER APLICADO POR QUALQUER UM QUE QUEIRA EXPLORAR AO MÁXIMO SEU POTENCIAL.

POR QUE ALGUMAS PESSOAS PARECEM TER NASCIDO PARA O SUCESSO?

Informação? Inteligência? Sorte? Mais oportunidades? Destino? Potencial?

Este livro mostra que nenhum desses fatores é determinante nos resultados que obtemos na vida. E que também não há um fator místico ou mágico que faça com que algumas pessoas se tornem ricas, saudáveis, felizes, vivendo uma vida cheia de sentido, enquanto outras nunca encontram o seu espaço.

Destruindo inúmeros mitos sobre sucesso e fracasso, o autor apresenta uma compreensão clara dos problemas que impedem a realização do nosso potencial.

Usando exemplos de pessoas como Gisele Bündchen, Sylvester Stallone, John Kennedy, entre muitos outros, percebemos o que diferencia as pessoas com resultados extraordinários das demais: princípios simples e óbvios, mas geralmente ignorados pela maioria.

ASSINE NOSSA NEWSLETTER E RECEBA INFORMAÇÕES DE TODOS OS LANÇAMENTOS

www.faroeditorial.com.br

CAMPANHA

Há um grande número de pessoas vivendo com HIV e hepatites virais que não se trata. Gratuito e sigiloso, fazer o teste de HIV e hepatite é mais rápido do que ler um livro.

FAÇA O TESTE. NÃO FIQUE NA DÚVIDA!

ESTA OBRA FOI IMPRESSA EM JULHO DE 2025